행복한 바보

행복한 바보
초판 1쇄 2007. 1.15
지은이 김대조
펴낸이 정성민
펴낸곳 푸른초장
편집책임 오한준

전화 032-664-1544(푸른초장), 016-877-0691
소재지 경기도 부천시 중동 720번지 3층
ISBN 978-89-956791-4-2 03230
등록번호 제 387-2005-00011호(2005년 5월 17일)
출판유통 하늘유통 031-947-7777, 팩스 031-947-9753
인쇄처 우림문화사

가격은 책표지 뒤에 있습니다.

바라보면 볼수록 보고 싶은 사람, 사랑스러운 바-보

행복한 바보

하늘을 닮은 보석같은 이야기

| 김대조 지음 |

푸른물장

추천의 글

행복이 무엇이냐고 물으면 사람마다 가지고 있는 대답이 여러가지일 것이다. 나는 그 중에서 나와 인생 최고의 가치가 되는 대상이 하나가 되는 것, 그것이 행복이라고 말하고 싶다. 최고의 가치와 내가 하나가 된다는 것은 곧 나를 잃어버리는 것이다. 김목사의 글을 읽으며 그의 마음속에 숨어 있는 바로 그 행복을 보았다.

적어도 내가 아는 김목사는 바로 그 대상, 예수를 만나 자신을 잃어버린 행복한 바보가 된 목사이다. 김목사는 평범해 보이나 그 안에 지적 매력이 있는 사람이다. 시골스럽지만 그 안에 주님을 향한 순수한 복음의 열정이 있다. 그래서인지 김목사를 생각하면 마음이 흐뭇해진다. 예수를 만나 행복해진 김목사를 보면 웃음이 난다. 그래서 난 김목사를 사랑한다.

사랑의교회 원로목사 옥한흠

주의를 끄는 뜨거운 이슈나 이목을 사로잡는 화려함은 없을지 모릅니다. 단지 작고 소소한 일상과 그 속에 알알이 박힌 작은 씨앗 같은 행복의 일편들을 만날 수 있을 뿐입니다. 그러나 이 책을 읽는 내내 소박한 따스함과 소중한 가치의 재발견이 마음을 끌었습니다. 아마도 감사와 기쁨으로 일군 마음 밭에 일상의 씨앗을 뿌리고 은혜의 햇살과 단비로 키워온 행복의 열매를 바라보는 느낌 때문이 아닌가 합니다.

김대조 목사님을 생각할 때면 농부와 선비의 이미지가 같이 떠오릅니다. 김목사님의 글에는 시나브로 미소짓게 하는 편안함 가운데 마음의 자세를 가다듬게 하는 진지함이 묻어납니다. 소박한 일상으로 향 깊은 찻상을 차려내는 김대조 목사님의 행복 레시피가 여러분의 마음의 거실을 따뜻한 茶香으로 채워 줄 것입니다.

사랑의교회 담임목사 오정현

바보는 "인생을 〈바르게 보는 사람〉 입니다. 더 가지려고 욕심내지 않고, 언제나 어떤 상황에서도 웃음을 잃지 않을 수 있는 사람. 그런 사람이야말로 주님이 가장 쓰시기에 편리한 도구일 겁니다. 그래서 바라보면 볼수록 더욱 보고 싶은 사람…

그런 '행복한 바보' 로 살아가기 원하는 목사님이기 때문에, 자신이 만난 사람들과 일상을 통해 들려 주는 따뜻한 삶의 이야기가 더욱더 잔잔한 감동으로 다가옵니다.

하나님이 디자인해 주신 인생의 바다에서 건져 올린 아름다운 열매들로 독자들의 삶이 더욱 풍성해 짐을 느낄 것입니다.

다일공동체 밥퍼 목사 **최일도**

예쁜 글보다는 솔직한 글을 좋아합니다.

이 나이가 되고 보니, 꾸미지 않은 그래서 바보처럼 느껴질 수도 있는 솔직함이 좋아집니다. 때로는 젖은 낙엽 위에 누워 의미 없는 삶을 꾸짖으며 통곡하고 싶을 때도 있고, 때로는 마냥 아름답고 고운 삶을 살고자 아등바등 하기도 합니다. 그때마다 귓가에 맴도는 속삭임이 있습니다.

"자옥아, 그게 아니란다."

"나는 누구보다 너를 사랑한단다."

"날마다 나의 품 안에서 쉬어라."

이 글을 읽으며 그 속삭임을 또 듣는 것 같았습니다. 참 삶의 의미가 되새겨졌습니다. 저뿐 아니라 여러분에게도 그 속삭임이 들려지길, 여러분을 향한 그 분의 사랑이 느껴지길 기도합니다. 이 책 속에서 한 영혼의 속삭임을 들어보세요. 그리고 바보처럼 활짝 웃으며 살아보세요. 얼마나 멋있는데요….

탤런트 **김자옥**

서문

인생은 행복한 항해다

학창시절, 개근상을 제외하고는 상을 받아 본 기억이 별로 없다. 하지만 이런 내게도 뿌듯하게 떠오르는 자랑거리가 하나 있으니, 중학교 시절 교내 백일장에서의 뿌듯한 기억이다. 지금 생각해보면 대단치도 않았던 교내 백일장의 '가작' 쯤 되는 상을 받고, 나는 마치 작가가 된 듯 마음이 들떠 있었다. 당시 상을 받았던 글은 '시골할머니와 감나무' 라는 제목의 수필이었는데 30년이 지난 지금까지도 아직 그 글의 제목과 내용이 기억나는 걸 보니 내가 은연중에 그 일을 꽤나 자랑스럽게 생각하고 있었나보다.

세월이 흐른 요즘, 나는 글이라는 것이 재주도 필요하지만 가슴으로 쓰는 것임을 깨달아가고 있다. 가슴 속에 소리 없이 고이는 작은 옹달샘 물, 혼자서만 마시기에 왠지 너무 아까워 사랑하는 이들에게 퍼 주고 싶은 마음, 그것을 펜이라는 표주박으로 조심스럽게 떠내는 것이 바로 글이란 것이 아닐까.

언제부터인가 내 마음속에 '글' 이 고이는 것을 느꼈다. 시골 옹달샘의 맑은 물이 소리 없이 흘러넘치듯 내 마음에 찾아온 행복, 잔잔히 다가오는 기쁨과 소망, 그리고 사랑을 혼자서만 간직하기엔 너무 벅찼다. 그래서 주변에 있는 이들과 함께 나누고 싶어 어설프게 써 내려가기 시작한 것이 이 책이 되었다.

이 책에는 영국에서 보낸 나의 30대 시절과, 한국에서 40대를 살아가는 오늘까지의 이야기가 담겨 있다. 주님을 향한 부끄러운 삶의 고백, 행복한 바보 이야기가 그것이다. 그리고 주님께서 가르쳐 주신 삶과 사랑, 그리고 내가 사랑한 평신도들의 모습도 담겨져 있다.

주님이 나를 사랑해 준 그 순간부터 나는 행복한 바보가 되었다. 그리고 인생은 행복한 항해라는 생각을 하게 되었다. 때로 크고 작은 가슴앓이를 하는 일들이 여전히 내 삶에 존재하지만 그저 바다 표면에 일어나는 거친 파도일 뿐 바다 깊은 곳의 잔잔함을 깨뜨릴 수 없음을 알게 되었다.

주님은 나에게 사랑과 행복을 가르쳐 주셨다. 고통과 삶의 의미를 깨닫게 해 주셨고, 가족의 소중함과 인생의 광야에서 살아가는 법을 배우게 하셨다. 또한 흑백 세상이 칼라로 보여지는 안경을 씌워 주심으로 세상을 올바로 볼 수 있는 눈을 허락해 주셨다. 세상이 온통 아름다운 것으로 가득 차 보이기 시작했고 내 마음에는 행복이 몰려왔다.

그래서 나는 앞으로도 고뇌에 찬 현자보다는 '행복한 바보' 로 살아가기로 결심했다. 때로 세상에서 손해를 보고 속임을 당하고 심지어 왕따가 될지라도 그저 주님 안에서 주어진 일에 최선을 다하며 열심히 살아가는 '행복한 바보' 말이다. 어디선가 날아온 돌에 맞아 눈물을 흘리며 울지라도 그 돌을 던진 사람을 미워하거나 원망하지 않고 단지 돌만을 탓하는 바보, 이내 잊어버리고 웃으며 살아가는 '행복한 바보' 로 살아가고 싶다.

한편 나의 글이 너무 초라해 수없이 쏟아지는 책들, 많은 글들을 읽기도 바쁜 시대에 부담을 주는 것은 아닐까 하는 작은 염려도 있다. 그러나 용기를 낸 것은 내가 사랑하고 나를 사랑해 주는 성도들의 성원에 힘을 얻었기 때문이다. "목사님! 책으로 내면 좋겠어요…" 간간이 써서 보내는 글을 읽고 격려의 말을 잊지 않았던 교구 순장님들과 성도님들이 나에게 힘을 실어 주는 응원 부대다.

때로 힘들고 외로운 세상 속에서 진정한 행복이 무엇인지를 가르쳐 주시고, 참 사랑이 무엇인지를 배우게 해 주신 주님, 나를 날마다 감동시키며 살맛나게 하고 행복한 바보로 살아가게 하시는 주님을 이 책을 읽는 분들이 더욱 친근히 만나길 간절히 소망한다.

부끄러운 책을 펴내며 주님께 감사드린다. 그리고 내가 사랑하는 아내와 가족, 이 글 속에 등장하는 모든 주인공들, 이 원고가 수면 위로 떠오르도록 도와 준 한경호 집사님, 윤필교 자매 그리고 글이 세상에 빛을 보도록 도와 준 강민경, 강정화 자매, 늘 나를 따뜻한 마음으로 이끌어 주시고 지켜봐 주시는 사랑의 교회 옥한흠, 오정현 목사님 그리고 사랑의 마음으로 추천서를 써주신 밥퍼 최일도 목사님, 김자옥 권사님 그리고 교구 식구들 모두에게 마음 깊이 감사를 전하고 싶다.

행복한 목사

김대조

차례

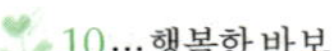

차례

3. 길모퉁이에서 만난 사람들

4. 흑백 세상이 칼라로 보일 때

차례

5. 인생의 사계절

6. 인생은 버리는 연습이다

차례

7. 영국, 내 인생의 광야학교

8. 힘들 때는 선두에 서라

1

행복파이나누기

바보와 바 — 보

학창시절, 내 책장 한 켠에는 늘 〈바보온달과 평강공주〉라는 동화책이 자리하고 있었다. 대학시절에는 김우종 교수의 에세이를 즐겨 읽으며 특히 '바보' 라는 글을 읽고 또 읽었던 기억이 있다. 지금 생각해보니 글 속에 등장하는 바보의 모습이 어딘지 모르게 나와 닮아 있는 듯해 은연중에 정이 가고 손이 간 게 아니었던가 싶다. 종래에는 멋진 인생을 꾸려간 바보 온달처럼 나도 멋지게 살아보고픈 마음이 더욱더 바보 이야기에서 헤어나올 수 없게 만든 이유인 것 같기도 하다.

도시에서 태어난 나는, 어린 시절 시골로 전학을 한 경험이 있다. 당시 검정 고무신도 제대로 신지 못하던 시골 친구들과는 달리 나는 말 그대로 '말쑥한 도시내기' 였다. 단정한 입성에 반짝이는 구두까지 갖추었으니 시골 아이들에겐 다가가기 어려운 다른 세상 사람으로 느껴졌었나보다. 나는 졸지에 동네에서 제일 힘센 아이가 되어 전학생이면 으레 겪게 되는 텃세도 없이 평화롭게 시골생활을 시작할 수 있었다.

반짝이는 구두 덕에 의기양양한 시골 생활을 해나가던 어느 날, 놀러나갔다 온 누나가 나에게 주의를 주었다.

"얘! 너 요 앞에 사는 덕진이 못살게 굴지 마라. 네가 구두로 막 찼다며? 그러지 마. 옆집 호준이도."

누나의 걱정을 듣고 "알았어!" 하고 퉁명스럽게 대답했지만, 나는 내심 모두들 내 앞에서 겁을 내는 것이 은근히 기뻤다. 그날따라 아버지가 사 준 그 구두가 얼마나 대견하고 자랑스러웠는지 모른다.

그러나 나는 그때 내가 미처 깨닫지 못했던 사실이 있음을 까맣게 모르고 있었다. 그 구두를 영원히 신을 수는 없다는 당연한 진리를 놓치고 있었던 것이다. 반짝이는 새 구두가 나와 한몸이 되어 언제까지나 위력을 발휘할 것이라는 어리석은 생각에 사로잡혀서 말이다.

시간이 지나자 조금씩 닳아가는 신발과 함께 도시에서 온 겁나는 아이(?)라는 딱지도 떨어지고 있었다. 얼마 후 그 신발이 더 이상 신을 수 없게 닳아버리자 나는 동네에서 힘없는 아이로 전락해버리고 말았다. 얼마 전까지만 해도 나를 두려워하던 아이들이 오히려 나를 힘으로 밀어붙이기 시작했다. 익숙하지 못한 시골생활, 이런 저런 시골의 풍습과 놀이가 생소했던 나는 그 친구들을 따라다니며 새로운 문화에 적응하느라 진땀을 흘렸던 기억이 난다. 나도 모르는 사이, 어느덧 나는 '바보' 가 되어 있었던 것이다.

요즘도 살아가면서 주변에 나와 같은 '바보' 들을 가끔 만나곤 한다. 사회에서 가진 지위 때문에 대우받고, 남들보다 조금 나은 외모 때문에 뭇사람들의 마음을 사로잡고, 조금 더 많은 학식으로 인해 으쓱하고, 넘치는 재물로 인해 자신만을 위한 인생을 마음껏 즐기는 '바보' 들이 얼마나 많은가.

머지않아 그 지위에서 내려와야 하고, 아름다운 얼굴에 주름이 지고, 그 지식들이 희미해질 때, 그 동안 모은 그 많은 재산을 한 푼도 가지고 갈 수 없는 '공수래 공수거' 라는 인생의 한계를 느낄 때 그들은 그 자신이 얼마나 바보였는지 스스로 깨닫게 될 것이다. 그럼에도 불구하고 지위와 젊음, 지식과 재물에 연연하는 우리는 얼마나 어리석고 한심한 존재들인지, 얼마나 가여운 '바보들' 인지 새삼 고개를 숙이게 된다.

세월이 많이 흘렀지만 나는 아직도 '바보' 로 살고 싶다는 생각에 변함이 없다. 그러나 오늘에 와서 내가 생각하는 '바보' 는 보이는 것의 소유에 집착하고 그 순간성을 깨닫지 못하는 그런 바보가 아니다. 세상의 현란함과 약삭빠름, 명예와 교만에는 눈을 감은 사랑스러운 '바보' 다. 영원한 것에 가치를 두는 '바보' 다. 신앙생활도 남들 보기에는 답답할 만큼 주님만을 바라보는 '바보' , 자기의 실속보다는 주님께 정성스럽게 자신을 드리는 '바보' , 예수님 때문에 말도 못하고 조용히 눈물을 흘리는 '바보' , 우직하게 주님만을 바라보는 바보 같은 사람으로 살고 싶다.

그러면 주님이 '바라보면 볼수록 보고 싶은 사람, 사랑스러운 바-보' 가 되지 않을까. 그것으로 나는 행복할 것 같다. 우리 모두가 주님 앞에 '바-보' 가 되면 세상은 더욱 밝아지고 사람 살 만한 세상이 될 것이 틀림없기에.

평범하다는 것도 축복이다

요즘 거의 매일 심방한다. 심방을 통해 수많은 성도들을 만나고, 다양한 인생을 나누고 경험한다.

오늘도 한 자매를 만나게 되었다. 집 안에 들어서자 그 자매는 딸아이의 코피가 멈추지 않아 지혈을 하고 있는 중이었다. 선한 눈매의 밝고 다소곳해 보이는 자매다. 남편은 의사요, 딸 둘 아들 하나를 둔 참으로 단란하고 행복해 보이는 가정이었다.

그러나 큰 딸이 난산으로 인해 태어나면서 뇌의 손상을 입어 정상적인 인지 능력이 없었다. 그 아이는 신체는 정상으로 성장해서 키도 크고 엄마를 닮아 얼굴도 예쁜 아이였다. 그러나 안타깝게도 나이가 열다섯이나 되도록 여전히 혼자 밥도 먹지 못하는 안타까운 상황이었다. 더구나 시어머니는 불교신자여서 며느리가 교회 나가는 것을 극구 반대하는 입장이라 그 자매와 장애를 가진 딸만 겨우 이런 저런 눈치를 보며 신앙 생활을 하고 있었다.

“며칠간 ㅇㅇ가 상태가 좀 좋지 않아 학교를 못 갔어요. 게다가 목사님이 심방 오시기로 한 시간에 딸아이 코피가 멈추지 않아서 너무 속상하네요. 처음엔 이런 일들이 전부 고통으로만 여겨져 얼마나 힘들고 서글펐는지 몰라요. 남들은 어려움 없이 행복하게 잘 살아가는데, 왜 저만 이런 고통을 당해야 하는 건지 하나님께 울며불며 매달렸지요.”

그러면서 떨어지는 눈물을 닦던 자매가 밝은 표정으로 말했다.

“목사님! 그래도 우리 애가 요즘은 혼자 밥을 먹기도 하고, 변을 가리기도 한답니다. 사실 오랫동안 점심 시간이면 학교 앞에서 기다리다 데리고 나와 먹여 보내곤 했거든요. 요즘은 얼마나 기쁜지 몰라요.”

대화 중에 다락방에 관한 이야기가 나왔다.

“다락방에서 때로 다른 순원들의 자녀들을 위한 기도 제목을 듣다 보면 제가 보기엔 너무나 호사스런 기도 제목 같아 보여요. 저는 그저 저 아이가 평범한 아이처럼만 될 수 있다면 더 바랄 것이 없어요.”

성경 말씀을 함께 나누고 "장미꽃뿐만 아니라 장미 가시까지도 감사하게 해달라" 고 간절히 기도했다.

돌아오는 길에 자매가 바라는 '평범함' 에 대해 곰곰이 생각해봤다. 대부분의 사람들은 평범한 일상을 지루해 하고 날마다 특별한 하루가 될 수 있기를 꿈꾸지만 따지고보면 평범한 것만큼 감사한 것도 없다. 평범한 것이 가장 위대하기에 평범하기 위해 노력한다는 누군가의 말도 떠오른다.

평범함이 축복이자 감사의 조건임을 다시 한번 생각해본다. 주위를 돌아보면 감사할 것이 얼마나 많은지 모른다. 평범한 모습으로 태어나, 오늘 하루 평범하게 잘 지내고 주님을 찬양할 수 있는 이 자체가 얼마나 큰 축복인지….

구두닦이 부부의 행복

행복은 성적순이 아니라는 말이 있다. 행복이란 좋은 집으로 이사를 하고, 생각하던 만큼의 수입이 생기고, 원하던 그 모든 것이 이루어졌을 때 올 수 있는 것이라고 흔히들 생각한다. 하지만 언젠가 내가 원하던 집으로 이사하고 나서 깨달은 것은 행복은 원하는 집으로 이사한다고 주어지는 것이 아니라는 사실이었다. 물론 때로 '참 감사하다' 는 생각이 많이 들고 편리하다는 생각이 들 때가 많지만 궁극적으로 행복과 편리함이 반드시 일치하지는 않는다고 생각한다.

한 주부의 아름다운 행복 이야기가 있어 여기에 옮긴다.

내 남편의 직업은 구두닦이다. 길에서 일해야 하는 직업이기에 언제나 시커먼 먼지를 뒤집어쓴 얼굴과 구두약에 염색된 손을 하고 있다.

자신의 초라한 모습을 감추기 위해서인지 항상 밝은 웃음으로 다니는 남편의 모습이 무척 천진스러워 보일 때도 있다. 고등학교 시절 나는 대통령 부인이 되는 꿈을 꾸기도 했는데 지금은 구두닦이의 아내가 되었다.

그가 구두닦이를 시작한 것은 얼마 전의 일이다. 그의 집에서 우리의 결혼을 반대하자 고집이 센 그는 누구의 도움도 안 받고 혼자의 힘으로 살아가겠다며, 나와 함께 단칸짜리 셋방 하나를 얻어 살림을 차렸다. 그때부터 그는 구두 닦는 직업을 택하게 되었다. 처음에는 참으로 치사한 직업이라고 투덜댔으나 지금은 열심히 일하고 있다.

최근에 그는 친구와 함께 비원 근처의 어느 빌딩 하나를 맡아서 월급제로 일하고 있다. 그 빌딩은 15층 건물인데 구두닦이는 엘리베이터를 사용하지 못하게 해서 하루에도 수십 번씩 계단을 오르내려야 한다. 그래서 그런지 밤이 되면 잠자리에 쓰러져 코를 골며 자버린다. 어떤 때는 피곤이 겹쳤는지 잠 속에서 헛소리를 내지르기도 한다.

"야 협중아, 이번에는 니가 올라가라. 나 다리 아파 죽겠어."

나는 그의 잠꼬대를 듣고 다리를 주물러 주다가 엉엉 울어버린 일도 있다. 내 울음소리에 깜짝 놀라 잠에서 깨어난 그는 내

어깨를 두드리며 말했다.

"이 길은 남자가 한 번쯤 걸어 보아야 하는 길이야."

나는 비록 구두닦이의 아내지만, 이제 곧 태어날 아기와 내 남편을 위해 이 세상에서 어느 누구보다도 훌륭한 아내가 될 것을 다짐하고 있다.

어디에 행복이 있는가? 행복한 사람이 있는 곳에 행복이 있다. 행복한 마음이 있는 곳에 행복이 있다. 행복은 결코 화려한 데서만 오지 않는다는 것이 바로 하나님의 진리다. 참된 사랑이 있는 곳에 행복이 있다. 우리를 위한 하나님의 아낌없는 사랑, 그 사랑이 있는 곳에 참된 행복이 있다.

"… 사랑은 하나님께 속한 것이니 사랑하는 자마다 하나님께로 나서 하나님을 알고…" (요일 4:7).

누가 가장 행복한 사람인가?

법조인들의 모임에 밥퍼 목사님으로 유명한 최일도 목사님을 초청했다. '아름다운 세상입니다' 라는 인사로 시작된 최 목사님의 이야기는 삶 속에서 겪었던 잔잔한 경험들로 가득 차 있었다.

'캄보디아를 방문했습니다. 10여 명의 아이들이 찢어진 공에다 헝겊 쪼가리를 넣어 땀을 흘리며 공을 차는 모습을 보았습니다. 환한 웃음을 지으며 이리 저리 몰려다니는 아이들이 너무 행복해 보였습니다. 서울의 아이들 중에는 멋진 공 열개를 가지고 있으면서도 불평불만하는 아이들이 있습니다….'

많은 생각을 하게 하는 부분이었다.

2년 전이다. 영국에서 공부하며 사역할 때 교회의 삼십 명의 젊은

이들과 루마니아에 선교를 간 적이 있다. 언어와 문화가 다른 그들에게 복음을 전해 주기 위해 우리는 말씀과 뮤지컬, 찬양을 열심히 준비했다. 아이들을 위해 과자와 사탕도 준비했다.

여러 마을과 사람들을 방문하는 가운데 집시들이 사는 마을을 들르게 되었다. 집시들은 여름에 열심히 흙벽돌을 만들어 팔아 겨울이 오기 전에 다른 곳으로 떠나는 이동생활을 하고 있었다. 그들은 너무나 가난해 옷도 신발도 제대로 갖추지 못한 채 물과 진흙을 찾아 옮겨 다니며 들판에서 벽돌을 만들어 팔아 겨우 생계를 이어가고 있었다. 마침 목이 말라 그들이 물을 길어 먹는 들판의 우물물을 받아마시게 되었는데 너무나도 목이 말랐음에도 불구하고 나는 그 물을 한 모금밖에 마시지 못했다. 희뿌연 황토물이었기 때문이었다.

그들이 살고 있는 집은 그저 나무와 몇 개의 천으로 엮어 만든 움막 같은 곳이었다. 우리는 그 허허벌판 한 모퉁이에 살고 있는 몇몇 집시 가족들을 대상으로 준비해간 성 드라마와 찬양, 그리고 복음과 기도를 나누었다. 사탕을 나누어 주고 축복송을 불러 주자 한 아주머니와 아이가 무슨 이유에선지 주체할 수 없는 눈물을 흘리기 시작했다. 황량한 들판에서 공연을 하고 있던 형제 자매의 눈에도 눈물이 맺혔다. 그들을 축복하는 찬양을 하며 우리 모두는 오히려 더 큰 은혜로 축복받고 있었던 것이다.

또 다른 마을에서는 한 집시 할머니가 때묻은 손으로 나눠 주시던 동그란 빵을 하나씩 나눠 받게 되었는데 그 빵을 나눠 받는 우리들의 손이 참 많이 부끄러웠던 기억이 있다. 부유함과 거리가 먼 그 가난한 할머니가 도리어 우리에게 자기 것을 나누어 주시다니. 가진 것이 많아야 나눠 줄 수 있다는 편견에 사로잡혀 있던 마음이 껍질을 깨는 순간이었다.

누가 누구에게 행복을 말할 수 있겠는가? 누가 가장 부자인가? 행복을 나누러 갔다가 행복을 배웠고, 무엇인가 베풀러 갔다가 오히려 더 큰 것을 받아서 돌아왔다. 찢어진 공에 풀과 헝겊을 넣고 즐겁게 공을 차는 아이들, 때묻은 손으로 빵 한 조각을 내미는 집시 할머니, 나는 감히 그들이 더 행복하고 더 부자라고 자신있게 말할 수 있을 것 같다.

최 목사님의 이야기 속에 지난 시간들을 떠올리며 다시 한번 참된 행복과 참된 부는 예수님께서 말씀하신 '감사와 만족, 섬김과 나눔'에 있음을 깊이 깨닫는다.

주님을 만난 사람, 주님 안에서 자기 일을 찾은 사람, 그 일을 위해 자신의 은사를 충분히 드리는 사람, 그 일을 통해 이루어지는 하나님 나라를 경험하는 사람이야말로 진정 행복한 사람이라 부를 수 있는 게 아닐까.

매력적인 여인과 사랑

런던은 유난히도 일찍 크리스마스 트리가 장식된다. 특히 런던 시내에 있는 시장, 지금은 진귀한 풍물 지역이 되어 수많은 관광객이 한 번쯤은 꼭 들러보는 곳 코벤트 가든(Covent garden)을 찾은 것이 두 해 전 이맘때였다. 초겨울로 접어들던 어느 날 아내와 함께 런던에서 마지막 추억을 담기 위해 코벤트 가든에 있는 극장에서 'My Fair Lady' 라는 뮤지컬을 보았다.

뮤지컬의 주인공은 런던 코벤트 가든 시장의 거친 사람들 속에서 꽃을 팔아 살아가는, 영국의 하층민 액센트를 쓰는 엘리자(Eliza)라는 아가씨다. 엘리자의 목소리는 크고 거칠기까지 하다. 잘 훈련 받으면 더 좋은 액센트의 고급스러운 영어를 쓸 수 있다는 것을 증명하려는 대학교수 히긴스(Higgins)를 만나 영어 레슨을 받으면서 이야기는 시작된다. 히긴스는 철저히 남성 우월적인 사람으로 '내 인생에 여자는 없다' (there is no girl in my life)라고 말할 정도로 여성에 대해서는 무관심한 남자다. 더구나 냄새나는 엘리자는 안중에도 없다. 단지 극중 등장하는 피클링(Pickering) 대령과의 내기에서 자신의 언어에 대한 철학과 실력을 입증해 보이기 위해 그녀를 하나의 실험 대상으로 대할 뿐이다.

그는 자신이 만들어낸 특유의 발음 연습 장치들을 사용하여 영어를 가르쳤으나 끊임없는 실수가 반복되어 당황한다. 그 과정들을 겪고난 뒤 결국 엘리자는 상류층의 품위와 언어를 배워 어느새 조금씩 변화되어 간다. 사랑에 무감각하던 히긴스는 변화된 엘리자의 모습에 사랑을 느끼게 되고 결국 두 사람은 신분의 차이를 뛰어넘어 결혼에까지 이른다는 내용이다.

뮤지컬을 보면서 옆에 같이 있던 아내는 새롭게 태어난 엘리자가 부러운 듯 "역시 사람은 만들어지는 거예요"라며 미소지었다. 관람에 동행했던 성도 부부 중 한 자매는 또 이렇게 말했다.

"목사님! 히긴스는 엘리자를 통해 모르고 있었던 자신을 발견한 것 같아요. 자기 안에 사랑에 대한 본능이 있었지만 그것을 그동안 모르고 살아왔었는데 말이예요."

그 말을 줄곧 곱씹다가 집으로 돌아와서 하나님의 인간을 향한 사랑을 남녀의 사랑의 비유하여 표현한 성경의 아가서를 펼쳐들었다.

"나의 사랑, 어여쁜 자야, 일어나 함께 가자. 이 사랑은 많은 물이 꺼치지 못하겠고 홍수라도 엄몰하지 못하나니 사람이 그 온 가산을 다 주고 사랑과 바꾸려 할지라도 오히려 멸시를 받으리라."

새롭게 깨달은 것은 연인들의 사랑, 때로 '지독한 사랑'을 해보지 않은 사람은 우리를 향한 하나님의 그 깊은 사랑을 알기 어렵다는 것이다. 비록 제한되고 때로 왜곡되기도 하지만 본래 사랑이 가지고 있는 그 깊은 본질은 분명 우리에게 엄청난 힘과 새로운 기쁨과 소망을 가져오기 때문이 아닐까.

떡집 아주머니와 기도

영국에서 작은 교회를 맡아 섬길 때의 일이다. 주일예배를 마치고, 교회를 방문한 몇몇 식구들과 저녁식사를 했다. 그리고 그들을 윔블던에 있는 교회 앞까지 태워다 주고 이런저런 일을 좀 하고 집에 들어선 시간이 저녁 8시 경이었다. 이제 좀 쉬어야지 하고 집으로 들어서는 나에게 아내가 다짜고짜 말을 꺼냈다.

"왜 이렇게 늦었어요? 전화도 안 되고… 떡집 아주머니가 한참 전부터 당신 전화 기다리고 계세요. 오늘 아침부터 계속 통화하고 싶어 하셨다는데…"

이야기인즉 이번 주가 추석이어서 팔 떡을 많이 만들었는데 우리에게도 좀 보내 주고 싶다는 것이었다. 사실 우리 교회 형편으로서는 명절이 되어도 떡을 나누어 먹을 생각은 하기 어려운 시절이었다.

추석이라고 우리 교회 성도도 아닌데 작은 교회 이름 없는 목사를 이렇게까지 신경을 써 주시는 마음이 너무나 감사했다. 고마운 생각에 전화라도 드리자 싶어 떡집으로 전화하니 마침 그 아주머니가 받았다.

"아이구 목사님! 오늘 몇 번이나 전화를 드렸는데 통화가 안 되서예. 사실 교회로라도 갖다 드리려고 했는데 교회 주소를 몰라가… 우짜지예? 지금은 너무 늦었고… 괜히 귀찮게 해드려가 미안합니데이. 떡은 다 싸 놓았는데…"

구수한 경상도 사투리였다.

"아니, 무슨 말씀입니까? 이렇게 번번이 생각해 주시니 정말 고맙습니다. 그렇게까지 생각해 주시는데 지금 가지러 가겠습니다."

그 마음이 너무 고마워 벗어놓은 옷을 다시 입고 나설 채비를 하는데 떡을 좋아하는 떡순이인 딸아이가 따라나섰다. 나는 딸아이를 태워 떡집으로 차를 몰고 갔다.

떡집에 들어서자 이미 늦은 시간임에도 불구하고 아주머니는 우리를 반갑게 맞아 주었다. 그리고 '행복한 교회' 라는 딱지가 붙은 떡상자를 내 주셨다. 문득 지난 명절에도 그 아주머니가 베푼 감사의 손길이 기억났다.

"번번이 죄송해서 어쩝니까?"

"무슨… 저도 교회 다니는 사람 아닙니까? 얼마 안 되지만 교회 식구들하고 나눌 수 있으면 좋은 거지예."

"어떻게 은혜를 갚아야 할지 모르겠습니다."

"은혜는예. 너무 작아가 부끄럽습니데이. 기도만 해 주이소!"

참으로 고맙기도 하고 늦은 시간 미안하기도 해 "기도하겠습니다" 란 짧은 인사말을 남기고 서둘러 차에 올라탔다.

떡을 보자 옆에 앉은 딸아이가

"아빠! 떡!"

하고 사인을 보냈다. 포장을 뜯어 절편을 두 개 꺼내 주었다.

"은총아, 맛있게 먹어!"

딸아이는 떡을 얼른 받아들더니 뭐라고 말하는 것이다.

"아빠! 지도."

"?"

"아빠 웅! 지도! 피도! 지도!…"

딸아이는 계속 같은 말과 몸짓을 반복했다.

"은총아! 왜 그래? 어서 먹어."

"아이 아빠, 지도! 지도!…."

은총이는 계속 무슨 시늉을 하며 떡을 먹지 않고 버티고 있었다.

"아빠, 웅! 기도오."

나는 그때서야 은총이의 말을 알아들었다.

"아아, 기도하자고?"

"네에!"

딸아이의 대답을 듣는 순간 가슴이 찡해오면서 눈물이 핑 돌았다.

'그렇다. 떡을 먹기 전에 하나님이 딸아이를 통하여 떡 집아주머니를 축복하길 원하시는구나.'

"그래, 은총아 기도하자."

은총이는 두 손을 모으고 눈을 감았다.

"하나님, 떡집 아주머니를 축복해 주세요. 그리고 은총이도 이 떡 먹고 건강하게 해 주세요! 예수님의 이름으로 기도합니다."

아주 짧지만 나의 생에서 참으로 깊고 간절한 기도를 하나님께 드린 순간이었다.

맛있게 떡을 먹으며 노래를 흥얼거리는 은총이와 함께 교회 식구들에게 떡을 나누어 주고 돌아오는 길, 비록 늦은 밤이었지만 도리어 피곤이 이미 말끔히 사라지는 평화로운 밤이었다.

눈부신 감사의 언어

〈잊혀진 사람들의 마을〉이라는 책을 읽게 됐다. 독일에서 15년 간 공부하고 한국 신학교의 초청으로 조직신학을 가르치기 시작하신 한 목사님이 학문적 지식 속에서 숨쉬고 느낄 수 없었던 주님을 만나려 교수직이라는 좋은 직업을 버리기로 결심했다. 책 속에서 만나는 하나님이 아니라 사람 속에서 악수를 나누듯 만나게 되는 살아 있는 하나님을 대하기 위해 그가 찾은 곳은 누구나 잊고 싶어하는 문둥병 환자들의 마을, 소록도였다. 그는 문둥병이 음성으로 바뀌면 육지로 올라와 살 수 있는 '용호' 라는 마을로 들어가, 작은 교회의 종탑 아래로 삶을 옮겼다.

첫 예배는 신도들의 모습에 대한 충격으로 어떻게 지나갔는지도 모르는 사이에 끝나버렸다.

'사람의 모습이 저럴 수도 있단 말인가! 할머니의 얼굴에서 볼 수 있는 것은 오직 구멍 다섯 개뿐이다. 눈도, 코도, 입술도…. 소스라치게 놀라 예배 후 모든 교인들이 빨리 돌아가기를 바라며 늑장을 부렸으나 기어코 인사하기를 원하는 한 할머니를 뿌리치지는 못했다. "목사님, 말씀 감사합니다." 할머니는 손가락이 없는 손을 내밀었다. 문둥병이 발병한 열여덟 살 이래 한 번도 성한 사람의 손과 악수해 본 일이 없는 노할머니의 뭉툭한 손 끄트머리에서 악수를 청하시는 주님을 느꼈다. 바로 그 자리에서 그를 맞이하기 위해 서 계신 주님의 손을. 그리고 인생의 황혼에 선, 어찌 보면 아무런 소망이 없는 할머니의 하나님을 향한 감사와 감격들….'

김요석 목사님의 삶의 이야기를 읽고 나는 마음 한구석 어딘가가 찔려옴을 느꼈다. 과연 나라면 할 수 있었을까. 나는 어떻게 주님을 만났나. 신앙의 연륜이 늘어날수록 우리의 가슴은 자꾸만 식어져 가는 것은 아닌지. 하나님께서 은혜를 부어 주시면 주실수록 우리는 왜 감사의 마음보다 가지지 못한 부분에 대한 열망만 키워가는 것인지.

"지금까지 지켜 주신 주님께 감사해요. 생각하면 참으로 큰 은혜이구요"라고 말하지만 과연 진심으로 주님의 은혜에 감격하고 있는가? 아니면 으레 입에 붙은 감사인가? 정말 내 마음이 기쁘고 감격스러워 견딜 수 없는 웃음과 감격의 눈물이 샘물처럼 솟아오르는가? 그래서 때로 나의 소중한 것을 형제 자매를 위해 기꺼이 내어 줄 사랑과 용기를 실천하기도 하는가?

향유 옥합을 깨뜨린 한 여인이 있다. 세상 사람들이 그녀를 죄인이라 멸시하고 조롱하지만 그를 용서하고 사랑해 주시는 예수님께 진정 자신의 죄인됨을 고백하며 눈물로 주님의 발을 씻은 여인, 그리고 자기의 가장 값진 옥합을 깨뜨린 그 여인. 그녀는 한마디 말도 하지 않았지만 그녀의 눈물과 향유야말로 "그래요 주님! 말하지 않아도, 표현 다 못해도 주님 사랑해요" 라는 눈부신 감사의 언어가 아닐까.

행동보다는 말이 많아진 시대, 우리에게 필요한 것은 작고 소박할지라도 주님을 향한 진정한 감사의 모습이 아닐는지.

김요석 목사님이 깨뜨린 옥합이 '잊혀진 사람들의 마을' 을 향한 그의 헌신적인 삶이었다면, 그 눈물의 여인이 깨뜨린 옥합은 그의 전 소유인 향유였다. 내가 깨뜨릴 옥합이 무엇인가? 고요한 침묵 속에서 나를 돌아본다. 나의 명예, 나의 자존심을 버려서라도, 나의 욕심을 버려서라도 주님을 만날 수 있다면 이것이 인생 최대의 행복이 아니겠는가.

싸구려 꽃 한 다발

영국에 있을 때 한국에서 방문하시는 분들을 배웅하러 가끔 히드로(Heathrow) 공항에 나가곤 했다. 비행기가 도착했다는 모니터 자막이 나오면 많은 사람들이 게이트 앞으로 나가 저마다 기다리던 사람들을 찾기 시작한다. 사람들이 몰려나오기 시작하면 거기서 여러 만남들을 볼 수 있다. 끌어안고 입을 맞추기도 하고, 볼을 비비기도 하고, 투박하고 힘 있게 악수를 하기도 하고, 그저 눈으로 서로를 향해 빙긋이 웃기도 했다. 어떤 사람들은 배웅 온 사람이 아랫사람인지 어깨에 잔뜩 힘을 주고 근엄한 표정을 짓기도 하는 등 모두 다른 모습으로 서로를 만난다.

그런데 그 중 재미있는 풍경은 인도나 파키스탄 사람들의 만남이다. 그들은 대개 손에 예쁜 꽃을 들고 만나는데, 꽃의 모양은 길게 생긴 목걸이 꽃부터 다발로 된 꽃까지 각양각색이다. 처음엔 왠지 어색해 보이기도 했지만, 보면 볼수록 그 꽃을 주고받는 사람들의 모습은 사뭇 진지하고 행복해 보이기까지 했다.

언젠가 한 목사님 내외분이 영국을 방문하셨다. 마중 나갔던 나는 별로 화려하지도 않은 아주 작은 꽃다발 하나를 목사님 내외분께 선사했는데, 꽃다발을 받아 든 두 분은 공항에서 꽃을 받아보기는 처음이라고 하시며 의외로 무척 기뻐하시는 것이었다. 교계에서 '총회장' 이라는 직책을 맡은 제일 큰 어른이시고, 어디를 가도 극진한 대접을 받으실 분이 그 작은 꽃다발 하나에 왜 그렇게 감격해 하시고, 고마워 하셨을까?

나는 경상도 산골짜기에서 자란 촌놈으로, 꽃과는 거리가 먼 멋없는 사람이었다. 내 기억으로 짝사랑에 실패 후 두 번째 꽃을 산 것은, 지금의 아내를 소개받아 아내와 함께 처음으로 처갓집으로 인사 가던 날이었던 것 같다. 그나마 동료 전도사의 코치가 아니었으면 꽃가게 안에 들어갈 생각조차 못했을지도 모를 일이다.

꽃과의 만남은 그렇게 시작되었다. 지금도 아주 가끔 미안한 일을 저지르거나 혹은 아내가 너무 힘들어 보일 때 동네 어귀에서 산 싸구려 꽃다발을 아내에게 내밀곤 한다. 그 꽃을 받은 아내는 번연히 싸구려 꽃인 줄 알면서도 반갑게 받아 고마워하며 꽃병에 꽂는다.

많은 사람들은 화려하고 커다란 것이 참된 행복을 가져다 줄 것으로 생각한다. 물론 그렇기도 하다. 그러나 우리네 인생은 화려함 속에 담긴 텅 빈 고독함보다는 때로 따스함과 사랑이 담겨 있는 작은 싸구려 꽃다발을 간절히 원하는지도 모르겠다.

이제 곧 열두 번째 결혼기념일이 다가온다. 그날을 위해서 미리 아내가 좋아하는 꽃다발 하나를 준비해야겠다.

나는 행복한 목사

런던에서의 일이다. 금요 찬양집회를 마치고 집으로 돌아오는 길에 문득 지금까지 지내온 시간을 떠올려 보게 되었다. 보잘것없는 사람을 인도하사 종으로 불러 주시고, 공부하게 해 주신 하나님의 은혜, 나의 나 된 것은 오직 하나님의 절대적인 은혜로서만 가능하다는 사실에 새삼 감사의 기도가 흘러나왔다.

한국에서의 총각 시절, 학교에서 교회까지는 1시간 30분 정도의 먼 거리였다. 주일은 몰라도 수요예배 정도는 가까운 곳에서 드리라고 조언해 주는 친구 전도사들도 여럿 있었다. 그때마다 나의 대답은 한결같았다.

"아니야. 물론 여기서도 예배를 드릴 수 있지만 내가 섬기는 교회에 가서 예배드리고 싶어. 내가 그래도 교회 전도사인데 본 교회에 나가 예배를 드려야 하지 않겠어? 다른 성도들의 본도 되고 말이야."

솔직한 심정으로는 나름대로의 꿍꿍이도 있었다. 시간도 많이 들고 차비도 만만치 않았지만 하나님께 잘 보이며 좋은 색시를 얻고 싶었던 절박함… (결론적으로 나는 하나님께 잘 보였나보다. 할렐루야!)

금요철야예배를 드린 어느 날엔 차가 끊어진 적도 있었다. 교회버스를 운행하지만 학교까지 오지 않아 최대한 가까운 곳에 내려 가난한 신학생 신분에 '택시'를 타야 했던 날도 있었다. 그 다음 날부터의 궁색함이란?

그러나 맹세하건대 돈이나 시간은 전혀 아깝게 느껴지지 않았다. 오히려 문제는 다른 곳에서 발생했는데 바로 수업시간 중의 참을 수 없는 졸음이 그것이었다. 의욕은 앞서서 항상 제일 앞자리에 앉다보니 몰래 졸기도 불가능한 일이었다. 이런 나를 보고 놀려대는 친구들 앞에서 홍당무처럼 얼굴이 빨개진 일이 한 두 번이 아니었다.

한번은 벼르고 별러서 허락받은 설교학 청강 시간에까지 정신없이 졸고 말았다. 몇 년 후 그 설교학 교수님을 다시 뵙게 되었다.

"그래, 미스터 김은 요즘 무얼 전공하고 있나?"

"예, 교수님 설교학을 공부하고 있습니다."

교수님은 내 대답에 크게 웃으시더니 이렇게 말씀하시는 게 아닌가!

"그래, 자진해서 청강한 설교학 수업시간에도 졸더니 또 설교학이야. 지금은 안 조나?"

그때 교수님이 못 본 줄 알았는데 보셨다니, 너무나 멋쩍어서 궁색한 변명으로 난처함을 모면할 수 밖에 없었다.

"교수님, 그래서 지금도 설교학 공부하고 있는 것 아닙니까? 그때 잘 들었으면 안 할텐데요. 그때의 졸음이 바로 오늘 저를 있게 했지요"

생각하면 학교 다닐 때 나름대로 기도하랴, 관심 있는 세미나 쫓아다니랴, 늦게야 제자훈련 받으러 다니랴, 참 열심히 살기도 했지만 그래도 지나간 시간들을 생각하면 더 열심히 할 수는 없었던 걸까 아쉬울 때도 많다.

그러나 하나님은 주님을 향한 나의 마음 하나만을 어여삐 보시고 좋은 각시도 만나게 해 주시고, 대학원 졸업과 동시에 별로 공부에 뛰어나지도 못한 나를 제일 먼저 외국 유학길로 인도하셨다. 아무것도 가진 것이 없는 가난한 나를….

그때 깨달은 것이 있다. 하나님은 늘 똑똑하고 멋있는 사람만 사용하시는 것은 아닌 듯하다. 물론 그들도 하나님께 크게 쓰임 받지만 하나님은 작은 자를 들어 쓰시며 하나님을 의지하는 자를 도와 주시는 것 같다.

아직은 걸어야 할 길이 멀고, 주님의 마음에 합한 종으로 태어나려면 거쳐야 할 훈련과 많은 준비가 필요하지만 나는 나를 감히 '행복한 목사' 라고 부르고 싶다. 나를 믿고 나에게 양을 맡겨 주신 주님으로 인해 나는 행복하다. 나의 사랑하는 성도들이 있어 행복하고, 늘 묵묵히 뒷바라지하는 사랑하는 아내와 못난 아빠를 세상에서 최고인 양 바라봐 주는 아이들이 있어서 행복하다.

무엇보다 약하고 부족함에도, 뛰어난 능력이 없음에도, 때로 주님을 서운하게 해 드릴 때조차 변함없이 나를 사랑해 주시는 주님으로 인해 '나는 행복한 목사'다.

2

가족, 친구처럼 연인처럼

행복한 바보 장가가기

내 나이 서른 살 무렵, 일반적으로 당시 전도사들은 비교적 일찍, 그리고 사역지로 나가기 전 결혼을 하곤 했다. 대학원에 입학할 때만 해도 결혼 안 한 사람이 훨씬 많았는데 해를 거듭할수록 숫자가 줄어들어 서서히 나이 어린 후배들이 장가를 가기 시작했다. 난 위기의식을 느꼈고 하나님께 간절히 매달려 기도하는 날이 많아졌다. 대학원 2학년을 마치고 3학년에 올라가면서 그 기도는 더 간절해졌다.

교수님의 소개로, 친구 전도사들의 소개로 몇 번 자매를 만났지만 시골스럽게(?) 생긴 나를 대개는 별로 내키지 않아 하는 눈치였다. 웬만하면 가정을 이루고자 노력했지만 번번이 돌아오는 결과는 나를 아프게 했다. 처음 시작 무렵 열 가지가 넘었던 배우자에 대한 나의 기도 제목은 점점 줄어들었다. 나중에는 '치마만 두르면 되지 뭐!' 하는 생각에까지 미쳤지만, 몇 개 남지 않은 배우자 기도제목의 마지노선을 무너뜨리기엔 오랫동안 하나님께 부르짖은 내 기도들이 너무도 아까웠다.

한때는 친구 전도사의 소개로 만난 어여쁜 자매를 단단히 마음먹고 짝사랑한 적이 있다. 자매는 종교음악을 전공한 터라 크고 작은 공연들이 잦았는데, 한번은 합창 콘서트가 끝나기를 기다렸다가 용돈을 털어 마련한 꽃다발을 내민 적이 있다. 그것은 무뚝뚝한 경상도 사나이인 나에게 천지가 개벽할 큰 용기를 필요로 하는 일이었지만, 꽃을 받아 든 자매의 시큰둥한 얼굴 표정에 가슴이 철렁 내려앉았다. 그 자매도 결국 오랜 기도 끝에 포기해야 했고, 쓰라린 가슴을 안고 대학원 기숙사 언덕을 올랐던 기억이 지금도 생생하다.

그러던 중 대학원 졸업여행을 떠났다. 성경의 출애굽 여정을 따라 이스라엘과 이집트를 여행하는 코스였다. 시내 산을 등반하기 위해 이른 새벽 2시에 일어나 준비하고 부지런히 산을 올랐다. '주여, 저에게 사랑하는 아내를 주옵소서!' 라는 기도의 제목을 가슴에 품고 온몸을 땀으로 적셔가며 산을 올랐다. 그리고 얍복 나루터에서 천사와 씨름하며 하나님의 약속을 얻어낸 야곱의 심정으로 간절히 기도했다.

그렇게 졸업여행을 마치고 돌아온 지 얼마 안 되어 교회의 한 남자 교사가 갑자기 소개팅을 주선했다. 첫만남을 팥빙수집에서 가지게 된 자매는 특별하게 눈에 띄는 형은 아니었다. 그러나 하나님을 향한 뜨거운 사랑과 헌신의 자세가 참 마음에 들었다. 전화번호를 묻고 돌아와 일기를 썼다. 그리고 그 자매에 대한 나의 느낌을 적었다.

'00 자매, 얼굴은 보통, 키는 160 이상, 성격과 헌신도는 좋음, 등등…'

후일에 어떤 일이 일어날지도 모른 채.

두 번째 만나던 날, 자매를 데리고 대학원 같은 과에 결혼하여 살고 있는 가난한 친구 전도사 집을 찾았다. 사모님은 직장에 가셨고, 친구와 함께 라면을 끓여 놓고 자매에게 기도를 부탁했다. 실망해서 일어나 가버릴지 어떨지가 궁금했다. 그러나 감사의 기도를 올리는 것을 보고 마음에 합격의 동그라미가 쳐졌다. 바로 그날, 돌아오는 길에 나는 용기를 내어 자매의 마음을 떠보았다.

"자매님, 밥 그릇 두 개, 수저 두 벌 가지고 사글세 방에서 시작할 수 있겠습니까?"

그것이 가난한 신학생으로서 내가 생각할 수 있는 최악의 시나리오였다. 그런 각오가 되어 있다면 무슨 일이든 할 수 있을 것 같았고, 앞으로는 높이 올라가는 것만이 남아 있기에 결혼생활에 경제적 실망은 없으리란 확신이 들었기 때문이다.

세 번째 만나던 날, 나는 자매에게 프로포즈를 했다.

"가진 것이라고는 아무것도 없지만 앞으로 열심히 주를 위해 사명을 감당하며 살아가겠습니다. 그 길을 함께 가 주시지 않겠습니까? 저와 결혼해 주십시오."

자매는 분명한 대답을 찾지 못하고 머뭇거리다가 재촉하는 나의 눈빛에 결국 어렵겠다는 말을 남기고 총총 돌아서 가려는 것이었다. 돌아서는 자매를 향해 나는 주위의 시선은 아랑곳하지 않고 큰소리로 외쳤다.

"자매님, 저는 자매님을 행복하게 해 줄 자신이 있습니다! 자매님, 저를 선택한 것에 대해 후회하지 않게 해 주겠습니다!"

그리고 우리는 결혼했다. 만남에서 결혼까지 두 달 반밖에 걸리지 않았다. 아내는 말했다.

"몇 번 만나지도 못했는데 어느새 신혼여행 와 있지 뭐예요!"

나의 몰아치기 작전이 성공한 것이다.

다시 태어나도 그대를

어리숙한 시골뜨기에 돈 한 푼 없는 가난한 전도사를 선택한 나의 아내는 대학원까지 나온 잘 나가는 서울 아가씨였다. 그녀의 선택이 과연 옳았을까? 우린 결혼 후 아내의 결혼자금으로 학교 앞에 방 한 칸짜리 전세를 얻었다. 그것이 우리의 전 재산이었다. 졸업을 하고 그것이 노잣 돈이 되어 바로 영국으로 유학을 떠났다. 그리고 아내의 내조는 시작되었다. 사범대학에서 국어교육을 전공한 터라 런던에서는 인기가 있었다. 주말엔 런던 한국 중학교 교사로, 주중엔 국어 과외로…, 그렇게 아내는 나를 내조했다.

거기다 열 명 남짓 모이는 작은 교회를 담임하며 매주 그들을 먹여 살려야(?) 했다. 김치 한 번 담가 보지 않았던 아내는 매주 많은 밥을 해대야 했고, 식구가 늘어갈수록 아내의 어깨와 허리에도 무리가 갔다. 나는 나대로 주중에는 학교에 가서 논문을 쓰고 공부하랴, 주말엔 교회를 돌보고 설교 준비하랴 거의 아내를 도와 주지 못했다.

아내는 열심히 학생들을 가르치며 돈을 벌어 나를 뒷바라지 하고, 교회를 뒷바라지했다. 힘든 상황 속에서도 아내는 늘 나를 웃게 해 주고 즐겁게 해 주며 웃음을 잃지 않았고, 그런 아내가 있어 나는 늘 고맙고 행복했다.

시간이 흘러 공부를 마치고 한국으로 돌아왔다. 그 사이에 하나님은 우리에게 딸과 아들도 고루 내려주셨다. 비록 집에 머물 수 있는 시간이 많지 않아 아쉽긴 하지만 그래서인가 난 집에서의 시간이 더 애틋하고 행복하다. 그곳에 나의 정다운 친구들, 그저 보기만 해도 기분이 좋아지는 나의 연인이 있기 때문이다. 가끔씩 머리에 난 뿔로 들이받아 곤란한 때도 있지만, 뿔 달린 아내가 없는 사람들을 생각하면 난 정말 행복한 사람임에 틀림없다.

언젠가 시골의 아버지가 나를 불러 앉히시곤 대뜸 하시는 말씀이,

"우린 부자야!"

"아버지, 우리가 뭐 부자예요. 가난하지요. 아무것도 없잖아요."

아버지는 웃으시면서 말씀하셨다.

"봐라. 아버지와 아들이 있으니 바로 부자(父子) 아니냐, 너와 내가 있으니 이게 부자지!"

그때는 아버지의 말씀에 그저 어이없는 웃음만 지었었지만, 요즘은 내가 아들을 앉혀 놓고 아버지의 부자철학을 전수한다.

사랑하는 친구 같은 아들과 딸, 그리고 연인 같은 아내가 있어서

나는 참 행복하다. 다시 태어난다 해도 영원한 나의 연인 아내를 선택할 것이다.

언젠가 샤갈 전시회를 갔을 때 그의 그림에 쓰여 있던 한 구절이 마음에 남아 있다.

'우리 인생에서 삶과 예술에 의미를 주는 단 하나의 색은 바로 사랑의 색깔이다…. 나의 태양이 밤에도 빛날 수 있다면 나의 색채에 물들어 잠을 자겠네….'

나의 인생에서도 끝까지 빛날 단 하나의 색깔, 그것은 바로 가족의 색깔이라고 말하고 싶다. 나의 친구, 나의 연인이 옆에 있어 주기만 한다면 나는 영원히 행복할 수 있을 것 같다.

다양한 빛깔의 아픔들

"여보! 은총이 이름이 없네요. 나도 될 줄 알았는데. 어떻게 하죠? 조금 있으면 유치원에서 올 시간인데."

아내의 전화였다.

두 주 전인가 방문을 닫아놓고 혼자서 열심히 노래하며 율동연습을 하던 은총이의 모습이 떠올랐다. 내년에 초등학생이 될 아이들을 대상으로 유년부 찬양팀 선발이 있는데 은총이는 찬양팀에 꼭 뽑히고 싶어했다. 2주 동안 맹연습을 하던 은총이는 오디션 전날 저녁, 식구들 앞에서 먼저 지정곡과 자유곡을 선보였다. 어느 아빠의 마음이 안그렇겠냐마는 내 눈에는 제법 잘 하는 것처럼 보여 내심 대견하기까지 했다. 은총이는 자기 전에 이튿날의 오디션을 위해 엄마에게 기도를 부탁했었다. 그리고 아빠에게도….

그런데 탈락이라니! 순간 마음이 착잡해졌다. 어제 오디션을 마치고 집으로 가는 차 안에서 은총이 기분이 참 좋았었는데… 하나님께서 딸아이를 위로할 적절한 말을 주십사 간절히 기도를 올렸다. '어떻게 말할까? 뭐라고 위로할까?' 생각을 다 정리하기도 전에 은총이에게 전화가 왔다.

"아빠! 나 떨어졌어!"

목소리에 힘이 없었다. 뭐라고 할 말이 없었다.

"그래, 은총이 잘했는데 왜 떨어졌지? 참 이상하네…."

수화기 저편에서 기다렸다는 듯이 참았던 울음이 터져나왔다.

"아빠! 너무 슬퍼. 마음이 아파. 흑흑. 꼭 찬양팀에 들어가고 싶었단 말이야. 흑흑."

세상에 태어나 처음으로 떨어짐의 아픔을 맛보는 딸아이를 위해 무슨 말을 해 줘야 하는 걸까.

"세상은 다 그런 거야. 은총아, 이제 시작이야! 앞으로 살아가는 동안 얼마나 다양한 빛깔의 아픔들이 다가올지 모른단다. 그래도 기도하고 이겨내야 해. 하나님이 크게 쓰실 사람은, 겸손을 가르치시기 위해 아프지만 미리 많이 꺾어놓으시는거야. 최선을 다했다면 그저 감사하기만 하면 되는 거야."

아직은 일곱 살, 어린 딸아이가 이런 얘기들을 다 이해할 수는 없는 일일 것이다.

"은총아, 최선을 다했으면 됐어. 아빠는 은총이가 자랑스러워. 노래를 잘해 찬양팀이 되는 것도 중요하지만 은총이에게는 이런 마음의 서운함도 참을 수 있는 넓은 마음이 더 소중하단다. 그리고 더 열심히 책도 읽고 하나님이 기뻐하시는 속이 꽉 찬 훌륭한 사람이 되렴. 이제 눈물 뚝!"

"알았어, 아빠. 이젠 울지 않을게."

나중에 안 일이지만 그 전화 이후에도 은총이는 몇 번이나 혼자 흐느껴 울었다고 한다. 잠들기 전 기도할 때도 오디션 말이 나오자 기도가 끝날 때까지 또 눈물을 쏟아서 아내도 목소리가 떨리는 걸 참고 가까스로 기도를 마쳤다고 했다.

왠지 마음이 편치 않았다. 이런 것이 부모의 마음인가? 부모에게 자녀는 이렇게 예민한 존재인가? 전화를 받고 조금 있다가 간단히 메일을 적어 딸아이에게 보냈다. 조금 있으려니 딸아이의 답장이 왔다. 처음 받아 보는 딸아이의 메일, 비록 맞춤법은 엉성했지만 마음의 근심을 순식간에 날려버리는 특효약이었다.

'아빠, 우리 가족 중에서 내가 슬플때 위로를 해 주고 매일(메일)도 본해고(보내고) 난 아빠가 제일 좋아. (아빠에게 줄 크리스마스) 선물를(을) 2번이나 께뜨러잖아(깨뜨렸잖아). 그래도 내 마음을 알아주니까 그래서 난 아빠를 사랑해. 나한때(나한테) 첫 번째로 사랑하는 아빠에게.'

문득, 이번에 제자반 지원자 면담을 하던 훈련생들의 얼굴이 스쳤다. 속으로 은총이에게 말했다.

'은총아, 어쩌지? 아빠도 다섯 사람이나 떨어뜨려야 하는데…'

눈송이를 세는 아이

사역을 마치고 집으로 향하는 길에 눈이 내렸다. 문득 런던에서 내리던 눈을 맞으며 하나님의 은혜를 생각하던 순간이 떠올랐다.

날씨가 영하로 내려가는 일이 별로 없는 런던에서는 눈 내리는 날을 만나는 것이 참으로 귀한 일이다.

모처럼 은총이와 수퍼마켓에 갔을 때의 일이다. 이것저것 필요한 생필품을 사고 계산을 하는데 갑자기 큰소리로,

"와! 아빠, 눈 많이 와! 눈 많이"

하고 소리쳤다. 밖을 보니 정말로 눈이 내리고 있었다. 한국에서 보았던 그리운 눈송이였다.

계산을 마치고 밖으로 나오니 눈송이가 굵어져 있었다. 은총이가

태어나 처음 본 눈은 밤새 내려와 쌓여 있는 땅위의 눈이었다. 실제로 눈이 내리는 광경을 처음 본 은총이는 신기한지 입을 다물지 못했다. 그리고 그 눈송이를 헤아리기 시작했다.

"One, two, three… ten!"

아직은 열까지밖에 셀 줄 모르는 은총이는 계속해서 하나부터 열까지만 반복하며 눈송이를 헤아리고 있었다.

아이의 뒤에서 트롤리를 밀고 따라가며 하나님의 은혜를 생각해 보았다. 하나님이 우리에게 베푸신 은혜가 너무 크고 무한하여 다 셀 수 없이 많은데 우리는 날마다 생활 속에서 '하나님이 나에게 해주신 것이 무엇이 있습니까?' 하고 항변하며, '나에게 아직 주시지 않은 것이 무엇이 있나?' 헤아리고 있지는 않은지 말이다.

나 역시 가끔은 하나님께서 베푸신 무한한 은혜들을 잊어버리고 살 때가 있다. 오래 전 군대시절, 나의 소원은 마음껏 한 번 웃어 보는 것이었다. 이등병 시절 '졸병은 치아를 보이면 안 된다' 는 군대의 불문율에 따라 마음껏 웃지도 못하던 처지였으니 말이다.

유난히 웃기를 잘하던 나에게 그것이 얼마나 큰 짐으로 다가왔는지 모른다. 가끔 고참들에게 이제 막 들어온 이등병이 치아를 보인다고 불려나가 흠씬 두들겨 맞기도 했다. 그때 처음으로 깨달은 것이 '웃음의 자유' 였다. 일기장에 '마음껏 웃고 싶다' 고 쓴 적이 한 두 번이 아니었다. 때로 모두 잠든 시간, 화장실 뒤에 가서 혼자 웃은 적도 있었다. 웃을 수 있는 자유가 그리웠기 때문이다.

그때를 생각하면 마음껏 웃을 수 있는 공간과 자유! 이 한 가지만 해도 하나님의 큰 은혜임을 깨닫게 된다. 눈송이를 헤아릴 수 없듯이 한량없는 주의 사랑을 생각하니 마음에 저절로 찬송이 인다.

세상 모든 풍파 너를 흔들어
약한 마음 낙심하게 될 때에
내려주신 주의 복을 세어라
주의 크신 복을 네가 알리라
받은 복을 세어 보아라
주의 크신 복을 내가 알리라…

엄마 품을 떠난 은총이

둘째 아이가 태어났다. 한 식구가 늘어남으로 인해 우리는 하나님께 다시 한번 감사했다. 모두 축하하며 감사하고 기뻐하는데 한 사람은 조금 다른 반응을 보였다. 바로 딸아이 은총이였다.

갓난 동생으로 인해 엄마, 아빠가 병원에 있는 동안, 난생 처음으로 엄마 품을 떠나 할머니와 잠을 자야 했던 은총이는 그날 밤, 애타게 엄마를 부르며 목이 쉬도록 울었단다. 문을 손으로 가리키며 몇 단어 되지 않는 짧은 어휘로 '엄마 빨리, 엄마 빨리' 를 반복하면서.

평소 그렇게도 명랑하던 은총이에게 이런 면이 있었나 싶을 정도로 오랫동안 울음을 그칠 줄 모르더라고 할머니는 혀를 내두르셨다. 늦은 밤까지 울음을 그치지 않아 아이를 데리고 동네를 세 번이나 돌았지만 여전히 끊임없이 '엄마 빨리…' 를 반복하다 결국 한밤중이 되어서야 눈물이 채 마르기도 전에 잠들었다고 했다.

다음 날 아침 기쁜 마음으로 미역국을 가지러 집으로 돌아왔을 때 은총이는 평소와는 다르게 일찍 깨어 나를 보자마자 목에 매달렸다. 그리고 동생을 본 기쁜 소식은 들은 채도 하지 않고 계속 '엄마 빨리…' 만 외쳐댔다. 그러나 나와 함께 병원에 갔을 때, 그렇게 외쳐 부르던 엄마가 다른 아기를 안고 있는 모습을 본 은총이는 엄마에게 쉽게 다가서지 못하고 있었다.

그리고 조심스럽게 누워 잠들은 아기를 작은 손가락으로 가리키면서 '베이비, 베이비' 라고 외쳤다. 이윽고 해가 뉘엿뉘엿 저무는 저녁이 되어 집으로 돌아올 시간이 되자 은총이의 눈빛이 조금씩 달라지기 시작하더니 자꾸만 엄마 곁으로 가려고 애를 썼다. 또다시 엄마와 함께 할 수 없는 밤이 오고 있는 것을 실감했는지.

은총이를 안고 엄마가 있는 방을 나올 때 은총이는 더 이상 고분고분한 아이가 아니었다. 마침내 쌓였던 감정이 터졌다.

"엄마! 엄마! 엄마!"

왠지 측은한 생각이 들었다. 평소에 잘못해서 혼도 나고 '맴매' 도 여러 번 맞았는데 그래도 엄마가 그렇게 그리울까? 아직 제대로 표현도 못하는 어린아이임에도 불구하고 떨어지는 아픔을 느끼고 슬퍼하는 은총이가 안스러우면서도 너무도 사랑스러웠다.

딸아이는 하나님과 나의 관계를 다시 한번 생각하게 했다. 지금까지 벌써 30여 년의 긴 세월을 함께 정을 나누고 함께 호흡하고, 때로

매도 맞았지만 늘 언제나 늘 가까이 내 곁에 계셨던 주님과 나는, 과연 이런 관계에 있는가? 어떤 연유든지 주님과 떨어진다면 나에게 그런 아픔이 있을까? 잠시만 주님이 멀리 계신 것처럼 느껴져도 애타게 주님을 찾는 마음이 나에게 있는가? 만약 있다면 주님이 얼마나 나를 대견해 하시고 사랑스러워 하실까? 없다면 얼마나 주님이 서운하실까?

초코파이와 오병이어

지난 주 어느 날 새벽, 새벽기도를 가려고 서둘러 나오는데 갑자기 문이 열리며 눈도 채 뜨지 못한 아들이 달려 나왔다.

"아빠! 잠깐만 기다려!"

"왜 일어났어? 왜 그래?"

아들이 잠시 사라졌다가 불쑥 내민 것은 다름아닌 '오리온 초코파이' 였다.

"아빠, 먹어! 배고프잖아!"

"고마워! 넌 역시 멋진 아들이구나!"

교회로 향하는 발걸음이 얼마나 뿌듯했는지 모른다. 미운 일곱 살의 나이에 어떤 생각을 했는지 모르지만 왠지 이것이 가족이구나 하는 생각이 들었다. 교회에 와서는 책상서랍에 넣어두고 잊어버렸는데 출출하여 책상서랍을 열다 발견한 아들의 마음이 담긴 한 개의 작은 초코파이, 허기진 배를 온전히 채우고도 남을 오병이어였다.

가족의 소중함. '법조인 가족 초청의 밤' 을 가진 날, 윤난영 사모님은 가정의 소중함에 대해 두 가지 포기한 것을 말씀하셨다. 첫 번째가 남편인 오정현 목사님을 하나님께 내어 드리는 것이었고, 둘째는 자녀를 하나님께 내어 드리는 것이었다고 했다. 늘 교회 일로 바쁜 남편을 차지하기란 쉽지 않아 마음으로 서운함이 있었을 것이다. 또한 교회 일로 늘 바쁘다 보니 자녀를 충분히 돌볼 여력이 되지 않았을 것이다. 그 말에 나도 절로 고개가 끄덕여질 만큼 깊은 공감이 들었다.

그러던 중 어제 저녁, 모처럼 가족이 함께 모여 식사를 하는 자리에서 딸아이의 식사 기도가 있었다.

"하나님, 오늘은 특별한 날입니다. 아빠가 오셔서 함께 식사를 하기 때문입니다…"

순간 얼마나 미안한 마음이 들었는지… 나는 미안한 마음과 함께 문득 아들이 내민 초코파이 한 개가 생각이 났다.

'자주 함께 놀지 못하는 아빠와 함께 하고 싶은 마음이 그 초코파이에, 함께 둘러앉은 식탁 기도에 담겨 있었구나. 자녀에 대한 아빠

의 자리, 아내에 대한 남편의 자리는 여전히 해결해야 할 숙제구나'

그리고 요즘의 나는 '시간의 오병이어' 에 대해 기도한다. 그 기도는 양보다 질을 위한 기도다. 아들이 준 초코파이는 작지만 결코 작은 것이 아니었다. 내 마음에 영원히 남을 오병이어의 초코파이였기 때문이다. 나도 사랑하는 가족들을 위해 시간의 양이 아닌, 마음에 깊이 남을 '시간의 오병이어' 를 선물해야겠다.

아들의 첫 편지

하루 일과를 마치고 집에 들어서니 책상 위에 이상한 종이가 놓여 있었다.

"여보, 이거 무슨 뜻인지 알아 맞춰 보세요. 평강이 작품인데."

'이것이 무엇일까 들여다보고 있는데 아내가 웃으며 설명해 준다. 아내가 외출을 했다가 조금 늦었더니 태권도 도복은 식탁 바닥에 떨어져 있고 식탁 위에 이 종이가 있었다고 한다.

「15 ↑ OK. OK.」

커다랗게 쓴 이 '상형문자' 를 바로 해독한 아내는 같이 들어온 딸에게 편지를 보여 주었다.

"은총아, 이거 봐라. 너 이게 무슨 말인지 알겠니? 평강이가 편지 써 놓고 15층에 갔구나!"

은총이도 동생의 편지를 보고 웃음을 터뜨렸다고 했다.

「15 ↑ OK. OK.」

이것은 곧 '나 15층에 놀러 올라가요. 걱정하지 마세요! 알겠지? 알겠지?' 라는 의미였다. 15층에는 같은 교회 목사님의 또래 아들이 있었다. 유치원에 다니는 아들은 이제 막 열심히 한글을 배우고 있지만 아직 글씨를 읽는 데도 쓰는 데도 많이 서툴다.

놀러가고 싶은데 걱정할 엄마 생각에 그냥 갈 수는 없고, 아직 한글은 모르는데 표현은 해야겠고 궁리하다 자신이 할 수 있는 표현을 총동원한 것이었다. 나중에 집에 돌아온 아들은,

"엄마, 내가 편지 써 놓은 거 읽었어?"

하더란다. 그 이야기를 듣고 한참 웃었다.

무엇보다도 이렇게 자신의 의사를 상형문자로나마 표현했다는 것이 너무 기특한 생각이 들었다. 태어난 지 엊그제 같은데 벌써 이렇게 자랐나! 그 종이 조각을 든 내 마음이 왠지 감사한 마음으로 가득 찼다. 그 상형문자가 적힌 메모는 아들이 남긴 최초의 감동의 편지였다.

문득 하나님이 생각났다. 우리가 하나님을 향하여 우리의 삶을, 사랑을 표현하기만 하면 비록 그것이 상형문자 수준이라 하더라도 주님은 웃으시면서 기특해 하실 것이다. 그리고 서툰 우리의 표현이지만 충분히 해독하시고 마음껏 기뻐하실 하나님의 모습이 떠올랐다. 아들의 첫 편지는 표현의 소중함과 더불어 좀더 적극적으로 주님을 향하여 표현하며 살아야 함을 깨우쳐 주었다.

신앙에도 철이 들면

이른 아침 집을 나서는데 아내가 가방에 과일과 과자 한봉지를 챙겨 주었다. 교회 사무실에서 잠시 쉬는 동안, 고마운 마음으로 과일을 먹었다. 옆에 있는 과자 봉지를 들여다보니 '포카칩' 이었다. 감자를 튀겨 만든 과자, 영국에서 즐겨 먹던 '칩스' 의 일종이었다.

영국인의 전형적인 점심 도시락 메뉴는 샌드위치, 과일 하나, 초콜릿 하나, 주스 팩 하나 그리고 반드시 따라다니는 칩스 한 봉지다. 유학시절, 나도 늘 아내가 싸 주는 그 도시락 메뉴와 함께 연구실로 향하곤 했었다. 점심때가 되면 연구실 뒤 푸른 잔디와 수목 아래 놓여 있는 벤치에 앉아 테니스를 하는 학생들을 바라보며 먹던 점심이었다.

봉지를 집어 드니 갑자기 생각나는 이가 딸아이 은총이었다. 영국에서 태어나 자라면서 늘 칩스 종류를 많이 먹어서인지 한국에 와서도 '포카칩' 을 너무 좋아해서 가끔씩 미끼(?)로 사용한다는 아내의 말이 생각났기 때문이다. 딸아이가 좋아하는 과자. 분명히 딸아이를 주려고 사다 놓은 것일 텐데 영국에서의 습관 때문인지 남편의 간식 봉지에 찔러 넣어 준 아내의 마음이 고마웠지만, 왠지 주인이 바뀐 듯해서 마음이 썩 내키질 않았다. 다시 봉지를 가방에 챙겨넣었다.

다음 날 저녁, 사역을 하다 늦어버린 시간. 가방 속에 있는 '포카칩' 을 꺼냈다. 봉지를 뜯고 몇 개 집어 먹는 동안 자꾸만 딸아이의 얼굴이 떠올라 결국은 봉지를 덮고 말았다.

집으로 돌아오는 길, 차 안에서 나도 모르게 '자녀가 이렇게 소중한 것이구나' 하는 생각이 들었다. 조금씩 자라나는 아이들을 향한 부모의 심정. 아마 조금씩 나이가 들어가기 때문일까.

문득 시골에 계신 어머님이 생각났다. 가난하던 시절, 어머니는 정부에서 시행하던 공공근로로 허허벌판 같은 높은 산에 나무를 심는 일을 하셨다. 아침 일찍 보리밥에 반찬 한 가지 도시락을 가지고 가셔서 해가 질 무렵에 돌아오곤 하셨다. 어느 날, 어머니가 빈 도시락을 푸시며 나에게 '크림빵' 을 내미셨다. 어린 마음에 냉큼 받아 마파람에 게눈 감추듯이 먹어치웠던 기억이 있다. 지금 생각해보니 힘든 일 중간에 특별 간식으로 나온 빵을 나에게 주려고 가져오신 것인데 철부지 아들은 귀퉁이 한 조각 떼어드릴 생각도 못하고 그저 좋아하며 받아먹기만 한 것이다.

시간이 벌써 수십 년이 흘렀지만 그 빵을 잊을 수가 없다. 그래서인지 그 '포카칩' 이 목에 넘어가지 않았나보다.

이틀이 지나 모처럼 저녁에 일찍 들어가 만난 딸아이가 나에게 매달리며 귓속말로 속삭였다.

"아빠! 포카칩 고마워. 아빠 최고야! 엄마가 얘기해 줘서 난 알지. 아빠가 포카칩 가지고 온 거."

마음이 훈훈해졌다. 시간이 지나면 딸아이도 어른이 될 것이고 자녀를 갖게 되면 그때는 포카칩에 담긴 아빠의 마음을 알게 될 것이다.

우리를 향한 주님의 마음도 분명 '부모의 마음' 과 같으리라.

'우리도 신앙에 철이 들면 주님의 마음을 알게 되겠지.'

학부형이 되던 날

영국에서 사역할 때 처음으로 딸아이가 영국 프림로즈코트 학교(Primrose Court Nursery School)에 가는 날이었다. 몇 주 계속된 손님들의 방문 때문인지 기진맥진해 누워 있는 아내로 인해 딸아이의 첫 등교를 동행할 수 있는 특권(?)을 누리게 되었다. 학교로 출발하면서 딸아이의 손을 잡고 하나님께 감사했다. 사회에 첫 발걸음을 내딛는 딸의 앞날을 하나님께 맡기는 기도였다. 선생님께 은총이를 맡기고 돌아오는 길에 왠지 모를 감사가 넘쳤다.

오후에 또다시 아이를 데리러 가서 보니 이미 학부형들이 모두 자기 아이들을 기다리고 있었다. 시간이 되어 선생님이 학교 입구의 잠긴 문을 열었다. 그러자 차례대로 학교 복도로 들어가 공부를 마치고 나오는 아이들을 만나는 장면이 마치 남북 이산가족 상봉 장면을 연상케 하듯 인상적이었다. 나 역시 기쁜 마음으로 아이를 만나러 들어갔다. 교실 입구에서 선생님이 나를 보자 "은총!" 하고 딸아이를 불렀다. 곧이어 은총이가 조그만 가방을 매고 달려나오고 우리 역시 뜨거운 부녀지간의 상봉을 이루었다.

돌아오는 길에 딸아이는 내 앞으로 불쑥 자기가 그린 그림을 내밀었다. 그림인지 낙서인지 모를 정도였지만 그렇게 멋있게 보일 수가 없었다. 함께 손을 잡고 집으로 돌아오는 길, 감회가 새로웠다. 나도 이제 학부형이 되었구나. 하나님께 장가 보내달라고 눈물로 기도하던 것이 엊그제 같은데….

아이를 키우며 하나님을 조금씩 더 실제적으로 알아간다. 모든 성장 과정 속에서 부모된 기쁨, 스바냐 3장 17절 말씀처럼 나를 인하여 기쁨을 이기지 못하시는 아버지 하나님을 생각하면 얼마나 감사한지 모른다. 먼저 믿은 식구들과 친구들의 도움으로 열심히 말씀과 기도를 먹고 자라 처음으로 하나님을 스스로 부를 수 있게 되었을 때 하나님의 마음이 얼마나 기쁘실까. 더구나 이제는 하나님을 위해 무엇인가 할 수 있을 만큼 자란 것을 보신다면 그 마음이 얼마나 좋으실까. 아주 사소한 일이지만 주님을 위해 일한다면 그 마음이 얼마나 대견하고 뿌듯하실까.

나와 주님과의 관계를 생각해본다. 아무리 불러도 잠시 후면 다시 그리워지는 관계이기를 꿈꾼다. 주일 날 교회에 예배드리러 나와서 "하나님, 저 왔습니다" 하고 기도드리는 순간, 감격스러움 속에 주님의 품에 안기는 관계이기를 꿈꾸어본다.

I only need you!!

런던 버킹검 궁과 아주 가까운 곳에 웨스트민스트 채플이라는 교회가 있다. 이 교회에 캠벨 몰간이라는 유명한 목사님이 목회를 하고 계셨다. 캠벨 몰간 목사님의 삶에서 커다란 즐거움 하나는 매일 저녁 무렵 사랑하는 딸의 손을 잡고 런던의 하이드 파크 공원을 산책하는 것이라고 했다. 그런데 어느 해 크리스마스가 가까운 어느 날부터 갑자기 딸이 당분간 아버지와 공원 산책을 못하겠다고 했다는 것이다. 그때 몰간 목사님은 내심 무척 서운했는데, 그 이유를 크리스마스 날 아침에야 알게 되었다.

사랑하는 딸은 아버지에게 드릴 성탄 선물인 슬리퍼를 만드느라 시간이 필요했던 것이다. 성탄절 아침 이 선물을 받으면서 몰간 목사님은 사랑하는 딸에게 이렇게 말했다고 한다.

"사랑하는 딸아, 너무 고맙다. 이걸 만드느라고 얼마나 수고가 많았니? 그런데 솔직하게 말하자면 아빠는 슬리퍼 선물보다도 네가 나와 더불어 같이 손잡고 산책하는 것이 훨씬 더 좋단다."

하나님도 같은 마음이실 것이다. 때론 우리는 하나님을 위해서 일한다고 애쓰지만 그때 하나님께서는 이렇게 말씀하실 것 같다.

"나를 위해서 일하는 것도 좋지만, 나와 좀더 같이 있어 주지 않겠니?"

예전에 딸에게 전화를 하면 말도 제대로 못하면서 "아빠, 네, 아빠 네"를 반복하곤 했다. 그런데 요즘은 가끔씩 "아빠야, 전화 받아." 하고 엄마가 수화기를 건네면 "No!" 라는 짧은 대답만 수화기 너머로 들려올 때가 있다. 지금 아이스크림을 먹고 있다, 텔레토비를 보고 있다… 분명 정당한 이유는 있다. 하지만 아비의 마음은 '이제 좀 자랐다고 벌써 자신을 챙기는구나' 하는 생각이 들면서 왠지 모를 서운함마저 드는 것이다.

우리도 하나님 앞에서 이런 모습일 때가 없을까? 처음엔 주님이 인생의 전부라고 고백했고, 할 수 있는 말도 "주님! 네!"가 전부였다. 하지만 이젠 어느 정도 신앙생활이 익숙해졌다고 때로 주님이 부르셔도 대답하지 않는다. 가끔씩 "No!" 라고 대답하기도 한다.

"지금은 너무 바빠요 주님! 제가 너무 재미있는 오락을 하거든요. 나만의 즐거운 세계에 몰입하고 있잖아요. 방해하지 마세요. 주님! 지금은 시험기간이에요. 주님! 지금은 사업이 너무 바빠요. 요즘 약속이 너무 많아요. 주님! 먹고 살아야 하잖아요. 주님! 잠시만 참아

주세요. 이번 일만 잘 끝나면 제가 가만 있지 않을 겁니다."

그때 주님의 마음은 어떠실까? 아마 주님은 이렇게 말씀하실 것이다.

"나를 위해서 이것도 하고, 저것도 하는 것은 다 좋아. 그러나 내가 원하는 것은 바로 너야. 나는 세상 모든 것을 다 가지고 있단다. 나는 네가 필요해. I only need you! 그러니 나와 좀 같이 있어주지 않겠니?"

3

길모퉁이에서 만난 사람들

농사를 좋아하는 서울 아가씨

영국유학 시절의 일이다.

"목사님! 너무 너무 속상해요. 졸업 논문을 제출했는데 생각했던 것보다 성적이 안 나와 펑펑 울었어요. 기분 전환할 방법도 없고, 생각난 것이 어머니가 보내 주신 도토리 묵가루가 있어 묵을 좀 쑤었는데 학생식당에서 저녁식사 때 함께 나누어 먹으려고 해요. 꼭 오셔서 함께 드세요"

자매는 수줍은 듯 말하고는 총총히 사라졌다.

'참 좋은 취미다. 성적이 안 나와 눈물이 나는데 그것을 풀려고 대접을 한다니….'

혼자 속으로 생각하며 웃었다. 평소에 맑은 웃음, 하얀 피부, 가냘픈 몸매 그리고 깔끔한 서울 억양에 전형적인 서울 아가씨였는데 손수 쑨 도토리묵이라니 의외의 다른 면을 본 듯했다.

저녁이 되어 같이 공부하는 목사님과 함께 찾아간 학생식당에는 벌써 구수한 된장국 냄새가 풍기고 있었다. 도토리묵, 잡채, 고추 된장국, 나물 무침 등 실로 잔치였다. 맛 또한 기가 막혔다. 맛있는 도토리묵의 출처를 이야기하며 자연스럽게 대화는 자매의 배경으로 흘렀다. 자매의 부모님은 원래 서울 분으로, 자녀들은 계속 서울에서 공부하고 부모님은 양수리로 들어가 유기농법으로 농사를 시작하셨는데, 부모님이 수고하시는 것을 지켜보면서 농사를 좋아하고 언젠가 농사일을 하고 싶다는 꿈도 가지게 되었다고 했다.

"목사님! 물론 힘든 일도 많이 있지만, 꼭 농사가 지저분하고 힘든 것만은 아니에요."

아버지와 함께 늦은 밤까지 밭에서 돌을 주워내던 이야기, 우렁을 넣어 잡초를 제거하던 이야기, 새떼가 날아와 논에 넣어놓은 우렁을 먹어버린 이야기, 은혜로운 수확의 기쁨 등 농사이야기 하나만으로도 시간이 가는 줄 모르고 있었다.

깔끔한 유학파 서울 아가씨에게서 도저히 상상할 수 없는 꿈이요, 삶의 계획이었다. 조금 더 편하고 손쉬운 삶을 추구하는 요즘 젊은이들과는 분명 다른 모습이었다.

불현듯 농사를 지으시던 아버지를 보며 '나는 농부는 되지 말아야지' 하고 다짐했던 나의 옛날이 부끄러워졌다.

문제는 농부, 기업인, 예술인, 운동선수의 겉모습이 아니라 그 일에 분명한 의미를 가지고 자신의 삶을 가꿀 줄 아느냐는 것이다. 하나님을 섬기면서 이웃과 사회를 위해 봉사하며 살아갈 수만 있다면 그 어떤 직업이라도 참으로 성스러운 것이 아닌가 싶었다.

여유 있는 사람이 아름답다

영국에서 공부할 때의 일이다. 도서관에서 나오는 길에 피터 힉스(Peter Hick)라는 교수님을 만났다. 마침 문에서 들어오시는 교수님께서 나를 보시고는 문을 잡고 기다려 서 계시는 것이었다. 얼마나 황송하던지 얼른 달려가자 교수님은 웃으시면서,

"서두르지 마세요. 나는 잠시 휴식이 필요해요(Don' t hurry up! I need rest)."

라고 말씀하셨다. 감사하다는 말과 함께 얼른 도서관 밖으로 나오는데 교수님의 그 한마디가 나의 뇌리를 떠나지 않았다. 잠깐 다른 이에게 친절을 베풀며 그것을 자신의 쉼이라고 생각할 수 있는 여유. 피터 교수님은 옥스퍼드 대학과 런던 대학에서 종교철학을 전공하신 분이다. 그리고 교수이자 여러 권의 책을 쓴 저명한 학자이면서

목회일까지 하시는 그야말로 참 바쁜 분이다. 견주어 보면 당시 나는 아직도 학문과 목회의 초년생이었다. 피터 교수님은 나보다는 훨씬 더 바쁘신 분임에 틀림이 없다.

영국에서 공부하는 동안 내가 발견한 학자들의 한 가지 공통점은 그저 걸어 다니지 않는다는 것이다. 나의 연구실 바로 앞에 칼빈 신학자로서 세계적인 명성을 가지신 토니 레인(Tony Lany)이라는 교수님이 계시다. 나는 그분이 천천히 걸어 다니는 것을 본 적이 없다. 거의 달리다시피 계단을 오르내리시고 도서관을 갈 때도 그렇다.

아버딘 대학에서 공부할 때 알게 된 세계적인 신약학자 마샬(Marshall) 교수님도 자신의 2층 연구실과 1층의 신학부 사무실 사이에 있는 계단을 늘 뛰어 다니시곤 했었다.

그러나 또 한 가지 그들의 공통점은 자신의 시간은 철저하게 관리하여 촌음을 아끼지만, 다른 이들을 위해서는 금싸라기 같은 시간을 나누신다는 것이다. 언제라도 찾아가면 반가이 맞아 주시고 첫 질문은 "어떻게 도와 줄까요?" 다.

피터 교수님도 역시 그런 분 중의 한 분이다. 그렇게 바쁜 시간 속에서 이름 없는 한 학생에게 문을 열어 주기 위해 기다리고 서 있는 모습에 감동할 수 밖에 없었다. 학생이 미안해 할까봐 "나도 휴식이 필요해요. 이렇게 서 있는 시간이 쉬는 시간이에요" 하고 오히려 상대방을 배려해 주는 마음의 여유가 너무나 존경스러웠다.

숨 가쁘게 달려온 지난 시간들을 돌아보며 앞으로도 그렇게 부지런히 달려가야 할 인생임을 생각한다. 그러나 피터 교수님의 한마디를 통해 마음에 새기는 것은 바쁜 시간 속에서도 지켜야 할 마음의 고요함과 여유, 그리고 그 여유로 말미암아 다른 이를 편안하게 해줄 수 있는 친절함이리라.

천년의 사랑보다 귀한 것

사랑의 교회로 온 이래 많은 은혜와 감동을 받고 있다. 스쳐 지나가는 수많은 감동들을 잡아야지 하면서도 여전히 흘려 보내는 것이 안타깝다. 어제는 수요예배를 통해 '장애인주간 기념 사랑 나눔 축제' 가 있었다.

'소망부' 와 '사랑부' 성도들이 자유롭지 못한 몸으로 연주하고, 댄스와 수화 찬양극을 하며 하나님을 찬양하는 모습을 보았을 때 가슴이 뭉클했다. 특히 '당신은 사랑받기 위해 태어난 사람' 이란 곡을 찬양하는 모습에 많은 사람들이 큰 박수를 보냈다. 그때 사회자가 마지막으로 코멘트했다.

"지금 찬양한 분들은 여러분의 박수 소리를 들을 수 없는 청각 장애인입니다."

분위기는 숙연해졌지만 모두 더 힘을 주어 박수를 쳤다. 그들이 가슴으로 들을 수 있기를 기대하면서 말이다. 문득 오래 묻어 두었던 아픈 기억의 한 페이지가 떠올랐다.

내가 군대에 있을 때, 형님의 첫딸인 귀여운 조카가 태어났다. 전방에서 철책을 지키던 시절, 조카를 보고 싶어하던 나에게 형수님은 막 태어나 웃으며 누워 있는 조카의 사진을 보내 주셨다. 그러나 일 년 만에 첫 휴가를 나와 만나게 된 조카는 심한 열경기 후 뇌손상을 입어 몸과 마음이 많이 상한 상태였다. 형수님의 밝았던 얼굴이 어두워졌고, 작은 일에도 쉬이 마음이 상했다. 말로 표현하지 못하는 슬픔을 간직하고 아이를 돌보았지만, 여섯 살 무렵의 어느 날, 조카는 하나님 곁으로 영원히 돌아가고 말았다.

무엇보다 나의 가슴을 찡하게 만든 것은 10년 근속 교사 시상이었다. 발달장애우로 구성된 '사랑부' 와 청각 및 지체장애우 모임인 '소망부' 를 10년 동안이나 지속적으로 교사로 섬긴 분들에 대한 시상이었다. 저절로 고개가 숙여졌다. 나라면 할 수 있었을까? 가끔씩 보는 아이들이 배에 올라타고, 이리저리 치근덕거리면 짜증을 내던 나의 모습이 부끄러워졌다. 내가 무척이나 예뻐했지만 한번도 제대로 돌봐 주지 못했던 조카의 모습도 떠올랐다.

집으로 돌아가는 길, 10년 근속 교사들의 장애아들을 향한 헌신적인 삶의 모습이 나의 가슴에 남아 '10년의 사랑' 은 자신을 사랑해 주는 이를 위한 천년의 사랑보다 더 귀한 것이 아닌가 하는 생각이 가만히 밀려오고 있었다.

갈대상자

지난 해 한국에 귀국한 후, 적응하기 시작한 지 얼마 지나지 않아 '한동대학교' 국제법률대학원 입학식 설교의 요청이 있었다. 모든 수업이 영어로 진행되기 때문에 설교도 영어로 해야 한다는 것이었다. 영어를 사용하는 사회에 살다가 막 귀국한 터라 생소한 것은 아니었지만 외국인 앞에서 영어로 설교하는 것은 그리 가벼운 일은 아니었다. 하지만 법조선교회를 담당한 목사로서 거절할 수 없어 제의를 받아들였던 기억이 있다.

그렇게 한동대학교와 김영길 총장님과의 첫 만남을 가졌다. 한국의 물정도 어두웠고, 더구나 한동대학은 남들이 좋게 평가하는 포항의 한 지방 대학이려니 하는 정도로 생각했다. 입학식에 설교하러 갔을 때 김 총장님은 'See the Invisible Change the World' 라는 제목의 영서로 된 작은 책을 직접 사인해서 주셨다. 무신론자에서 하나님의 대학 총장이 되기까지에 관해 쓰신 책이라고 했다. 그러나 그 책은 읽히지도 않은 채 책장 어디엔가 꽂혀버리고 김 총장님도 기억 속에 희미해져갔다.

그러던 어느 날, 아내가 〈갈대상자〉라는 책 한 권을 나에게 내밀며 적극적으로 권한 일이 있었다. 평소 책 읽기를 좋아하는 아내인지라 그 중의 한 권이려니 하고 받아들었다. 추천서를 보니 옥한흠 목사님을 비롯해 한국의 귀한 목사님들이 극찬을 하고 계셨다. 어떤 책이기에…. 처음엔 호기심으로 시작해 틈틈히 책을 읽어 내려가면서 '김영길' 이라는 하나님의 귀한 사람을 발견하게 되었다. 이것저것 재거나 따지지 않고, 하나님의 길이라면 묵묵히 걸어가는 사람, 그 길이 흰 고무신을 신고 푸른 수의를 입는 감옥 안일지라도….

〈갈대상자〉를 읽는 동안 '김영길' 이라는 하나님의 사람과 몇 번의 만남을 가지고도 그 진가를 알지 못했던 내 자신이 부끄러워졌다. 지금도 내 주위를 스쳐 지나가는 이들 중에는 아무도 모르게 자신의 삶을 주님께 드리는 귀한 하나님의 사람들이 있을 것이라는 생각을 하니 모든 이들이 예사로 보이지 않는다. 그들에게 관심을 갖기에 나는 너무 이기적인 마음으로 나 자신에게만 집중하고 있는 것이 아닌가 부끄러운 반성도 해보는 밤이다.

리더의 생각과 꿈

싱가폴을 방문했을 때 자그마한 어촌이 단시간에 동남아 최고의 경제 번영을 이룬 현장을 보게 되었다. 그 번영의 뒤에는 캠브리지 법대를 졸업한 리콴유라는 총리가 있었다. 타고난 현실 감각과 정확한 판단력을 가진 그는 1959년 싱가폴 자치령의 총리가 되고 지금까지 수많은 난관을 헤치며 오늘의 싱가폴을 이룩하였다. 그리고 지금도 그는 여전히 분명한 기준을 가지고 나라를 이끌고 있었다.

캄보디아를 방문했을 때 또 한 사람의 자취를 만났다. 폴포트라는 사람이다. 그는 일찍이 프랑스 유학을 떠났고 그때 공산주의를 접했다. 공부를 마치고 돌아와 7명의 프랑스 유학파 친구들과 힘을 모아 공산주의 이상세계를 꿈꾸며 전체 인구 800만 명 중 지식인을 중심으로 약 300만을 대량으로 학살했다. 그리고 역사가의 평가에 의하면 캄보디아를 100년 전 수준으로 돌려놓았다. 그 학살 현장인 킬링필드와 학교를 개조해 감옥으로 만들어 잔인한 고문으로 인간의 존엄성을 말살했던 뚜올슬랭 박물관을 돌아보며, 인간이 어디까지 잔인해질 수 있는지 뼈저리게 느껴보았다.

또 한 사람이 있다. 프랑스 식민지에서 어린 시절을 보내고 프랑스, 영국을 거쳐 소련에서 교육을 받으며 베트남의 독립을 위해 일생을 바친 민족주의자 호치민 대통령이다. 호치민에 대한 국민들의 존경심은 베트남 곳곳에 묻어 있다. 오랜 프랑스 식민지 생활을 벗어나 베트남의 독립을 쟁취해낸 것뿐만 아니라, 호치민은 그의 소박함과 민족을 사랑하는 마음 때문에 온국민의 사랑을 받고 있다. 그는 백성의 아픔과 슬픔, 기쁨을 읽었고 독립을 위해 온 젊음을 불태웠던 사람이었다. 그 결과 수많은 국민들이 지금도 그가 생전에 살았던 소박한 삶의 현장을 찾고, 그가 남긴 교훈들을 마음에 새기고 있었다.

위 세 사람의 공통점은 모두 자기 민족의 지도자들이요, 자기 나름의 방식으로 나라를 생각하며 꿈을 꾸었던 사람들이라는 점이다. 그러나 한 사람은 끔찍한 민족의 말살자가 되었고, 두 사람은 모든 국민의 존경을 받는 나라의 영웅이 되었다.

생각과 꿈은 모두 존중받아야 하지만, 올바른 생각과 건강한 꿈이 얼마나 중요한지 다시 한번 깊이 생각케 한 시간들이었다. 특히 리더가 무엇을 보고 생각하며 무엇을 꿈꾸는가는 시대를 바꾸고 역사와 문화를 바꾸는 중요한 열쇠다.

미국의 흑인 인권운동가이자 목사였던 '마틴 루터 킹' 은 늘 이렇게 외쳤다.

"I have a dream."

그의 꿈은 미국 흑인들의 역사를 바꾸었고, 미국의 역사를 바꾸었다.

나는 오늘 무엇을 꿈꾸고 있는가? 무엇을 보고 있는가? 다시 한번 자신을 돌아본다. 온 세상이 예수 그리스도의 복음으로 편만하여지며, 거리마다 하나님을 찬양하는 기쁜 찬송소리가 들리는 그 날을 꿈꾸는가? 아니면 그저 오늘 하루의 편안함과 내일의 안락함을 위해 살아가는가?

하나님께 쓰임 받는 사람들

사랑의 교회 소식지 〈우리〉 에 실린 글을 읽다가 가슴에 와닿는 기사를 보게 됐다. 오정현 목사님의 평생의 기도제목인 '무엇보다도 꿈이 있는 사역자로 하룻밤도 꿈 없이 잠들지 말고, 하룻밤도 꿈 없이 깨지 말게 하소서' 가 그것이다. 그 기도 제목을 보는 순간 남다르게 세상을 사는 분답다는 생각과 함께 나의 깊은 내면에도 신선한 전율이 느껴졌다.

지금까지 역사를 돌아보면 하나님은 꿈꾸는 자를 사용하셨던 것을 볼 수 있다. 대표적인 사람이 요셉이다. 그는 꿈을 꾸었고 그 꿈은 이루어졌다. 야곱은 돌베개를 베고 잠을 자다가 하나님의 사자를 만나게 되고 환도뼈가 부러지기까지 씨름을 거듭하며 놀라운 축복을 받게 되었다.

하나님의 쓰임을 받았던 사람들은 평범하지 않았다. 외적 특별함보다 내적 특별함이 있었다. 무엇보다도 하나님을 향한 열심이다. 모든 삶을 걸고 주님을 사랑했던 사람들이었다. 그들은 주님을 위해 잠을 줄이고, 때로 먹는 것을 줄였다. 입는 것도 절제하고 자신을 쳐서 복종시켰으며, 자신이 소중히 여기는 귀한 것들을 내려놓기도 했다.

늘 존경하고 멘토로 생각하는 존 스토트 목사님은 평생을 싱글로 살아오신 분이다. 언젠가 만나 대화를 하다가 왜 결혼을 하지 않았는지 여쭈어 본 적이 있다. 그분은 웃으며 안 하려고 한 것이 아니라 주의 사역을 위해 이런 저런 일로 분주하다 보니 어느덧 시간이 다 지나 버렸다고 대답해 주셨다. 현재 86세의 나이로 혼자 사시며 여전히 세계의 기독교인들을 향하여 메시지와 저술을 거듭하며 예수의 꿈을 나누고 있다.

사랑의 교회를 오늘까지 일구어오신 옥한흠 목사님도 대표적인 하나님의 사람이다. 한 평생을 주님만을 생각하고 주님만을 전하며 살아오신 삶으로 인해 오늘의 사랑의 교회를 이루게 된 것이 아닐까.

요즘 나에게도 새로운 기도 제목이 생겼다.

"주님 제가 더 멀리, 더 깊이, 더 넓게 보는 사람이 되게 하소서. 주님을 위해 더 큰 꿈을 품을 뿐만 아니라 그 꿈을 이루기 위해 성실하게 준비되는 사람이 되게 하소서."

알프스에서 만난 할머니

알프스 소녀 하이디가 늘 입버릇처럼 하던 말이 있다.

"나의 소원은 아랫마을에 내려가 하얀 빵에 버터를 발라 먹어보는 거야!"

그 하이디가 살던 눈 덮인 높은 알프스 산과 푸른 언덕에서 처음 휴가를 보내며 주일을 맞았다. 토요일에 도착한 그랜드발트라는 마을에서 주일예배를 드릴 교회를 찾았다. 그런데 마침 마을에 하나뿐인 교회에서 그 주에 알프스의 한 봉우리로 야외예배를 갈 예정이라고 했다.

주일 아침 채비를 하여 알프스 First 산에서 있는 야외예배에 참석하기로 했다. 케이블카를 타고 오르면서 보니 발 아래로 동화속의 그림같은 풍경이 펼쳐져 있었다. 아름다운 집들, 소들, 잔디, 눈앞에 거대하게 펼쳐져 있는 융프라우요프와 나란히 서 있는 알프스의 봉우리들이 너무나 아름답고 평화로워 보였다.

정상에 도착해 예배장소로 가면서 누가 이런 산꼭대기에서 드리는 예배에 올까 궁금하기도 하고 설레기도 했다. 그러나 예배장소에는 벌써 스위스 전통 의상을 입은 성가대가 한 곳에 모여 연습을 하고 있었고, 교인들은 간이의자를 펴놓고 자리를 정돈하고 있었다.

그런데 날씨가 점점 흐려지더니 예배를 시작할 즈음에는 급기야 비가 내리기 시작했다.

빗속에서 목사님의 사회로 예배가 시작됐다. 나는 미처 우산을 준비하지 못한 터라 입고 있던 옷으로 딸아이를 덮었고, 뒤에 앉았던 아내와 평강이는 한 할머니가 씌워 주는 우산 아래에서 예배를 드리게 되었다. 비록 독일어로 진행된 예배라 알아듣지는 못했지만, 비를 맞으며 거행된 유아세례나 스위스 전통의 요들송 특송은 너무도 은혜로웠다.

빗속에서 드린 산상예배를 마치고 일어서려 할 때 이미 두 아이는 고요히 잠들어 있었다. 주님의 날개 아래에서 맛보는 평온이 이런 것인가 하는 생각이 가슴 가득 밀려왔다.

산장에서 잠시 쉬었다 내려오는 길에 마침 아내와 평강이에게 우산을 씌어 주셨던 할머니를 만났다. 오랜 친분이라도 있듯이 서로 반가워하며 인사한 후, 아쉬워하며 기약 없이 헤어졌다. 그러나 돌아서는 내 마음은 이렇게 말하고 있었다.

"할머니 우린 꼭 다시 만날 수 있을 거예요. 이 땅에서가 아니면 천국에서요. 우린 주님 안에서 한 가족이니까요."

언젠가 그 알프스 할머니를 다시 만날 날을 생각하며, 알프스에서 잊을 수 없는 예배를 드린 아름다운 주일을 떠올려본다.

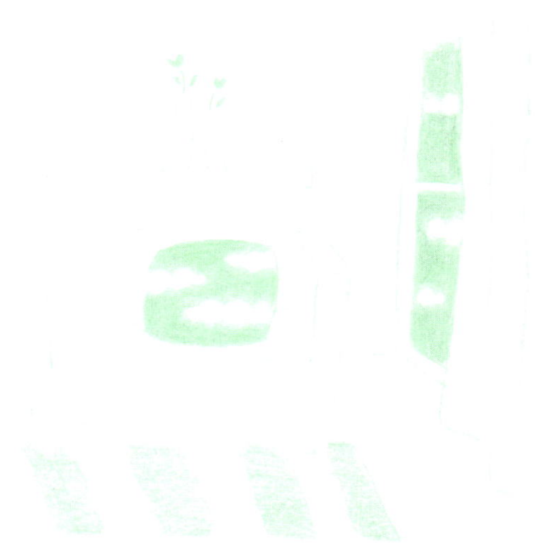

4

흑백 세상이 칼라로 보일 때

내가 쓴 안경은

어느 여름 날, 아내를 태우고 운전을 하고 있었다. 날씨가 너무 꾸물꾸물하여,

"여보, 오늘은 날씨가 참 안 좋은 것 같소. 여름 날씨가 이렇게 흐리다니…"

했더니 아내가 웃으면서 말했다.

"당신이 지금 선글라스를 쓰고 있어서 그래요."

그러고 보니 나 자신이 선글라스를 쓰고 운전하고 있는 것을 깜박 잊어버리고 있었던 것이다. 선글라스를 벗고 보니 역시나 어찌나 밝고 태양이 눈부신지 다시 선글라스를 써야 했던 기억이 있다.

우리는 저마다 세상을 살아가면서 각자 마음의 색안경을 쓰고 살아가고 있다. 그래서 사람들마다 바라보는 세상의 모습이 모두 다르다. 어떤 이들에게는 많은 돈을 가진 사람들이 가장 멋있어 보일 것이고, 어떤 이들에게는 아름다운 외모를 가진 것이 제일이요, 명예와 권력을 가지는 것을 최고로 치는 이들도 있다. 어떤 사람은 세상은 너무나 아름다워서 살 만한 곳이라 말하고, 어떤 사람은 차마 눈뜨고 보지 못할 것이 세상이라고 한탄하기도 한다.

언젠가 나는 멋진 안경을 쓰고 살아가는 한 분을 만났다. 런던 중심에 위치한 올 소울스(All Souls Church) 교회의 은퇴 목사님이신 존 스토트(John Stott) 목사님이다. 지금까지 한 평생 저술가요, 설교자로서 살아오신 스토트 목사님은 세계적인 복음주의 학자이자 설교자로서 널리 알려진 분이다. 지금도 전세계에서 초빙을 받아 강의하시며, 세미나를 인도하시고, 한국에도 초청을 받아 여러 번 오셨다. 열일곱 살에 예수님을 영접하고 20대 후반에 목사가 되어 지금까지 약 60여 년의 세월을 주님과 동행하며 살아오셨다.

목사님은 모태 신앙으로 자랐지만 열일곱 살이 될 때까지 한 번도 복음을 들어본 적이 없었다는 충격적인 고백도 하셨다. 원래 그의 꿈은 외교관이었고 그 꿈을 위해 캠브리지 대학에서 독일어와 불어를 공부하고 최상위 등급의 성적을 받으며 졸업을 했다고 한다.

그러나 예수님을 만나고 그는 외교관으로 지내는 것보다는 주님을 위해 살아가고 싶다는 열망에 사로잡히게 되고, 그 결과 대학원에서 공부하며 목사가 되어 지금까지 많은 책을 저술하고 설교하며 살아오신 것이다. 그리고 지금도 수많은 책을 통해 많은 현대 지성인들에게 도전을 주고 있다.

목사님을 처음 뵈었을 때 한국식으로 인사를 드렸더니 얼른 따라 허리를 굽혀 인사하셨다. 그리고 친절하게 의자를 내밀며 앉도록 권해 주셨다. 이런 저런 이야기를 나누며 그분이 쓰고 계시는 삶의 안경의 색깔을 조금이나마 볼 수 있게 되었다. 목사님에게서 풍겨나오는 지성은 그저 뼈만 남아 어깨에 힘주는 지성이 아니라 따뜻한 마음이 옷 입혀진 찬란한 빛깔의 지성이었다. 그분은 지금까지 사역과 저술한 책을 통해 얻은 대부분을 가난한 자와 예수님을 전하는 선교를 위해 사용하고 자신은 아무런 재산도 없이 검소하게 살아가고 있다. 아직도 꿈이 있다면 복음을 전하며 주님의 말씀을 읽으며 살아가고 싶다고 했다. 참으로 멋있는 안경을 쓰신 분이 아닌가.

헤어질 때 "저도 목사님과 같은 좋은 설교자가 되고 싶습니다" 라고 말했더니 목사님은 손을 저으면서 "나와 같이 되면 안 돼요. 예수님처럼 되어야지요" ("Not like me, like Jesus Christ") 라고 말씀하셨다.

그 깊은 인격과 하나님을 향한 헌신을 잊을 수 없다. 지금도 아침에 일어나면 변함없이 성경을 읽고, 기도와 성경을 연구하신다는 목사님의 삶이 생각날 때마다 거듭 자신을 돌아보게 된다. 나는 어떤 안경을 쓰고 세상을 살아가고 있는가.

보물찾기와 오징어

어느날 아침 교회에 와보니 소포가 왔다가 돌아갔다는 간단한 엽서를 받았다. 어떤 소포일까 궁금했지만 어쩔 수 없는 일이었다. 다음 날, 교회에서 하루의 일과를 시작하던 시간, 돌아간 소포가 다시 배달되었다. 일전에 덴마크에서 열린 유럽 교역자 수련회 강사로 오시면서 아주 짧은 시간을 할애해서 꼭 보아야 할 곳이 있다며 잠시 런던을 방문하셨던 전주교회 박 목사님에게서 온 것이다.

무엇인가 하고 풀어 보니 예식서와 한 축의 오징어 그리고 편지가 들어 있었다. 놀랍기도 하고 마음에 깊은 감동이 밀려 왔다.

런던에 잠시 머무시는 동안 나는 박 목사님께 교회의 예식에 관해 이것저것 질문을 했었다. 목사님은 자상하게 가르쳐 주시며, 교회

예식서가 있느냐고 물으셨다. 외국에만 줄곧 있었던 터라 아직 가지고 있지 못하다고 답변했던 기억이 난다. 목회에 필요하니 한 권은 가지고 있어야 한다면서 한국에 가면 보내 주겠다고 하시던 말씀이 문득 떠올랐다.

40명이나 되는 제직들과 함께 교회를 이끌어 가시는 바쁜 분임에도, 지나가면서 하신 약속을 잊지 않고 한국에 도착하자마자 바로 부쳐 주신 것이 틀림없었다.

뿐만 아니라 교단의 어른으로서 보내신 따뜻한 격려편지는 외국에 있는 젊은 목사인 나에게 큰 힘이 되었다.

박 목사님 하면 보물찾기가 생각난다. 일반적으로 런던을 방문하면 제일 먼저 유명한 영국의 건물이나 관광지를 찾는 것이 보통인데, 목사님은 처음부터 다른 관심을 가지고 계셨다.

목사님이 제일 먼저 보고 싶어하신 것은 모라비안 교회였다. 올드스게잇(Aldersgate)에 있는 한 교회에서 회심하고 예수를 영접한 요한 웨슬리가, 일 년이 지난 후 신앙이 식어지고 회의가 찾아 왔을 때 다시 한번 성령의 은혜를 체험한 곳이 바로 모라비안 기도 모임이었다. 부끄럽게도 나 역시 웨슬리 신학을 공부했지만 그 사실을 알지 못했다. 목사님은 웨슬리의 성결을 연구하시다가 오래된 서적에서 그 사실을 발견하고 그 장소를 찾으셨던 것이다.

물론 그 역사적인 장소를 찾는 것은 쉬운 일이 아니었다. 웨슬리 기념교회에서 오랫동안 일해온 직원도 잘 알지 못하고 다만 "언젠가 들어본 적이 있는 것 같은데요"라고 대답했다. 그러나 그런 어려운 과정에도 불구하고 박 목사님은 '성결의 복음에 대한 사명' 을 꺾지 않으셨다.

결국 목사님과 함께 페더레인(Fetter Lane)이란 지명 하나만 의존해, 묻고 또 물어 어느 건물의 모퉁이에 도착했다. 전쟁으로 건물이 없어진 후에, 후손이 그 장소에 표시해놓은 'Fetter Lane Chapel (Site of first Moravian Church)' 이란 푯말을 보고 박 목사님은 "보물을 찾았다" 시며 어린아이처럼 기뻐하셨다. 세상의 화려함에 대한 관심보다 하나님을 향한 거룩한 관심을 느끼는 순간이었다.

마음을 담아 보내오신 쫀득쫀득한 오징어를 구어 온가족이 나눠 먹으면서 다시 한번 참된 성결의 삶을 추구하시는 겸손한 목사님의 모습을 떠올려 보았다. 나도 나중에 후배 목사에게 그런 모습으로 다가갈 수 있을까?

그날 밤 나는, 박 목사님께서 보내 주신 예식서의 맨 앞장에 이렇게 썼다.

"감사한 마음으로 받아 하나님의 기뻐하시는 예식을 집례하는 목사가 되게 하옵소서!"

목사님 담배 피우세요?

오랫만에 체력단련 좀 한다고 운동을 해서 그런지, 아니면 그 동안 조금씩 쌓여온 피로가 풀린 탓인지 몸살이 났다. 목이 아프고 기침이 심하게 났다. 약 먹고 하루 정도 쉬면 낫겠지 했으나 쉽게 낫지 않았다. 하는 수 없이 처음 한국에 와 몸살이 났을 때 동료 목사님이 소개해 주셨던 한 안수집사님의 병원을 찾았다.

진찰을 받았다. 진찰을 받을 때 미안하게도 기침이 났다. 너무 심하게 기침을 해서인지 집사님은 대뜸 이렇게 물으셨다.

"목사님, 담배 피우세요?"

너무나 갑작스런 질문에 놀라 손을 내저으며 대답했다.

"아니오, 안 피웁니다."

"담배도 안 피우시는데 목이 이렇게 안 좋으세요? 당분간 목을 좀

보호하세요. 목이 많이 약해져 있네요."

"아, 그렇습니까? 지난 주 초 있었던 집회에서 조금 과도하게 목을 사용해서 그런가 봅니다."

치료를 마치고 돌아나오는 발걸음이 무거웠다. 목사에게 담배 피우느냐고 대수롭지 않게 묻는 집사의 물음에 대해 왠지 씁쓸한 생각이 들었다. 어쩌다가 목사가 그런 질문을 받아야 하는 시대가 되고 말았을까. 문득 지나간 시절의 선배 목사님들의 삶이 떠오른다. 어린 시절 시골에서 목사님을 바라보던 기억들이다. '목사' 하면 술과 담배는 당연히 하지 않으며 검소하다 못해 가난하고 영적인 종으로 사는 사람들로 여겨졌었다. 예수 잘 믿으려면 술 담배부터 끊어야 한다고 외치던 사람들이 목사였는데 어찌 이런 일이….

둘 중의 하나인 것 같다. 목사가 우리 사회에서 그만큼 신용을 잃어버려 충분히 담배를 피울 수 있다고 생각했든지, 아니면 진찰하다가 순수하게 직업적으로 묻게 된 것인지. 나는 후자라고 생각하고 싶다. 그러나 한편으로는 목사로서 참 회개해야 할 시대임을 느낀다.

며칠 전에 한때는 부지런히 신앙생활을 하다 요즘은 교회를 다니지 않는 한 형제에게 전도하고 다시 회복할 것을 권면하기 위해 전화를 했다. 잠시라도 꼭 심방을 하고 싶다고 했더니 "뭐, 그것은 댁의 사정이고 나는 싫습니다"라고 하는 것이 아닌가?

댁? 모처럼 낯선 호칭이었다. 끈질긴 설득과 주님의 은혜로 심방을 하여 좋은 시간을 나누었다. 만나 보니 좋은 형제였다. 그에게 교회에 대해 일부 부정적인 생각을 갖게 했던 사람들이 있었기에 그렇게 말했음을 알았다. 이런 저런 삶의 대화 속에서 쉽지는 않았지만 주님을 위해 살아가는 의미 있는 삶에 대해 나누었다. 그리고 돌아 나올 때는 공손히 기도까지 받는 모습에 감사가 밀려왔다.

그런 일 이후로 좀더 나 자신의 몸가짐을 가다듬게 된다. 나로 인하여 주의 이름이 존귀케 되기는커녕 행여 나 때문에 주님의 영광을 가리지는 않을까, 다른 주의 종들이 황당한 일을 만나지는 않을까. 경건의 모양뿐만 아니라 경건의 능력까지 소유한 사람이 되게 해달라는 간절한 기도를 드려본다.

신앙에도 종합검진이 필요해

교회에서 교역자들을 상대로 한 종합검진이 있었다. 예전 같았으면 별 관심이 없었겠지만 지난 해 병원 신세를 진 이후 건강에 관심을 가지고 있던 터라 연락을 받자마자 이른 날짜에 검진 신청을 했다.

예약일이 되어 안내에 따라 이방 저방을 옮겨 다니며 검진을 받았다. 각 방을 돌며 문득 신앙에도 건강검진이 필요하다는 생각이 스쳤다. 기도는 건강한데 말씀생활에 이상이 있을 수도, 말씀은 건강한데 봉사에 이상이 있을 수도, 봉사는 건강한데 경건생활이 약할 수도, 경건생활은 되는데 실제 삶의 적용이 약할 수도 있기 때문이다.

살다 보면 너무 바빠서 건강검진을 받을 생각을 못할 수도 있다. 아직은 젊고 충분히 건강하다고 생각하고 건강검진에 관심을 갖지 않을 수도 있다. 가끔씩 정기적으로 건강검진을 받는 사람들을 보면 초기에 질병을 발견하여 심각한 병을 예방한 경우들을 만나곤 한다. 반대로 너무 늦게 발견하여 어떻게 할 방법을 찾지 못하고 발을 구르는 안타까운 이야기도 듣는다.

우리의 신앙도 동일하다는 생각을 해본다. 신앙은 우리도 모르는 사이에 병이 들 수도 있다. 그런 일이 없으면 좋겠지만 때로 회복되기 힘든 신앙상태로 악화될 수도 있다. 혹시 그리스도인이라고 하지만 신앙생활에도 마음에 기쁨이 없고 자꾸만 뒤쳐지는 느낌이 있는가? 소망보다는 절망이 마음과 삶을 지배하고 있지는 않는가? 다른 이들로부터 비난을 받거나 좋지 못한 생각과 행동에 자주 노출되는가? 그런 증상이 아직은 없거나 희미하다 하더라도 더 늦기 전에 의사되신 주님 앞에서 신앙의 건강검진을 받아 볼 필요가 있다. 진단이 늦어지면 혹시라도 참된 그리스도인으로 살아가는 데 하나님이 기뻐하시지 않을 삶을 살게 될 가능성이 높기 때문이다. 종합검진은 내게 육체의 건강뿐 아니라 영적인 신앙의 점검을 생각하게 하는 의미 있는 시간이었다.

신앙은 삶이다

지치고 가난한 영혼들을 위해 온 생애를 바쳤던 테레사 수녀님이 한 도시를 방문했을 때의 일이다. 테레사 수녀님의 삶에 크게 감명을 받은 한 젊은 수녀님이 자원해서 테레사 수녀의 수발 들기를 청했다. 그러나 기대했던 것과는 달리 너무나 바쁜 일정으로 두 사람만의 좋은 시간을 가지질 못했다. 떠나는 날이 다가오자 그 수녀는 테레사 수녀님의 다음 목적지로 같이 동행할 수 있도록 해 달라고 간청했다. 그렇게 해 주시면 비행기 값은 자비로 부담하겠노라고 하면서 말이다. 그때 테레사 수녀님은 부드러운 목소리로 이렇게 말했다고 한다.

"수녀님! 그 비행기 표를 살 돈이 있으면 그것을 가난한 사람들에게 나누어 주세요. 그러면 저에게서 얻는 것보다도 하나님으로부터 더 많은 가르침을 얻을 것입니다."

처음 그 글을 읽으면서 좋은 가르침을 얻기 위한 젊은 수녀의 노력은 높이 살 만하다고 생각했다. 나 역시도 좋은 가르침을 받고 싶은 많은 열망들이 있고 지금도 그것을 위해 기도하고 있다.

그러나 이 이야기를 통해 다시 한번 자신을 돌아보게 됐다. 그 어떤 스승보다 최고의 스승이요, 참된 평안을 주시는 만남이요, 늘 항상 가까이 계시는 교제의 대상인 주님을 잊어버리고 살아가고 있지는 않은지 말이다. 오랜 세월 동안 수많은 사람의 삶을 변화시키시고, 그들을 인류의 빛이 되게 가르치신 주님을 잊어버리고 다른 곳에서 인생의 돌파구를 찾으려고 헤매지는 않는지 말이다. 더 나아가 가르침을 실천함으로 그분과 만나기보다는 단지 앎으로 만족하는 자신은 아닌지 말이다.

테레사 수녀님의 답변 속에서 작은 가르침이라도 실제로 실천하는 삶이 귀한 삶이라는 것을 깨닫게 되었다.

신앙은 삶이다. 가르치고 가르침을 받는 것으로만 끝나는 신앙은 별 의미가 없다. 신앙은 많은 것을 알아야만 할 수 있는 것은 아니다. 세상은 명예와 지위, 외모를 중시하지만 하나님은 삶을 중시하시기 때문이다. 더 좋은 가르침도 중요하지만 주님이 말씀하신 작은 사랑의 실천을 시작하는 그 삶 속에서야말로 우리는 더 깊이 주님을 만날 수 있지 않을까.

이 시대의 선한 사마리아인

몇 년전 런던 행복한교회에서 말씀 사경회를 갖기 위해 기도하며, 강사로 초청할 강준민 목사님께 보낸 편지가 되돌아와 팩스로 연락을 시도했다. 강 목사님이 계시는 미국 교회의 시간대도 알지 못한 채 그곳으로 전화하자 한 여전도사님이 전화를 받으셨다. 강준민 목사님의 목회 비서로 사역하고 있는 전도사라고 했다. 그러면서 첫 마디가,

"목사님! 교회 이름이 너무 좋아요. 목사님 너무 행복하실 것 같아요. 외국 목회에 수고가 많으시지요. 참으로 귀한 사역을 하고 계신다는 생각이 듭니다. 저희는 목회자님들을 섬기는 사역을 교회에서 하고 있으니 혹시 필요한 것이 있으면 말씀해 주세요."

참으로 뜻밖의 위로와 친절이었다. 만난 적도, 얼굴도 본 적이 없

지만 행복한 교회를 잘 알고 있고, 나의 사역을 다 아는 사람처럼 말을 건네주는 전도사님의 이해와 위로, 섬김이 참 감동스러웠다.

오늘날 현대인들의 자기중심적인 모습 속에서는 찾아볼 수 없는 모습이었다. 자기에게 무엇인가 유익이 있어야 하고, 최소한 누군가의 부탁이라도 있어야 보여 주는 형식적인 친절이 아니었다. 철저히 타인을 이해하려는 모습이요, 위로와 섬김을 위한 참된 친절이었다.

문득 성경에 나오는 유명한 이야기가 생각났다. 어떤 사람이 여리고로 가는 인적 드문 광야 길에서 강도를 만나 가진 것을 모두 빼앗기고 심지어 목숨까지 위태롭게 되어 쓰러져 있었다. 그 광경을 본 제사장도, 바리새인 서기관도 자신들의 신변에 위협을 느끼고 도망치듯 달아나고, 죽은 사람 몸에 손을 대면 부정하다는 율법으로 인해 외면하고 돌아섰다. 그때 나타난 사람이 사마리아인이었다. 아무런 조건 없이 처음 보는 사람, 전혀 이해관계가 없는 사람, 오히려 자신에게 손해를 보일 가능성이 충분히 있는 사람을 향하여 그 사마리아인은 손을 내밀었다. 그리고 그를 위로하고 섬기는 친절을 보였다. 자신의 가진 것을 나누어 강도 만난 사람을 치료해 주었다.

나 자신을 포함한 현대인들의 모습 속에서 과연 사마리아인의 모습을 찾아 볼 수 있을까 하는 생각해보았다. 아직도 우리 주변에는 숨은 사마리아인들이 있음을 감사하며 희망을 버리지 않고 있다. 그러나 '그 누군가가 사마리아인이 되어 주겠지. 꼭 내가 사마리아인이 될 필요는 없잖아' 하는 생각에 젖어 살지는 않는지 되돌아본다.

사마리아인이 된다는 것은 실제 아무런 유익도 없이 결국 손해를 보는 일이요, 그 누구도 알아 주지 않는 일이기 때문이다.

나는 그 여전도사님의 따뜻한 위로와 친절 속에서 '선한 사마리아인' 의 모습을 볼 수 있었다. 어찌 보면 큰 일이 아닐지라도 따뜻한 말 한마디, 비록 작은 것이라도 함께 나누는 사랑, 섬김을 받기보다는 섬기려는 마음이 바로 선한 사마리아인의 모습이 아닐까. 그 교회는 참 좋은 교회임에 틀림없다는 생각이 들었다. 섬기는 것을 목표로 하고 그 섬김을 기뻐하는 선한 사마리아인이 있는 교회이기 때문이다.

지키고 가꿈이 얼마나 중요한지

추석날. 새벽 기도회를 마치고 모처럼 고향을 찾았다. 점심 때가 다 되어서야 고향에 도착해 부모님을 찾아뵙고 인사드렸다. 그리고 같은 동네에 살고 계시는 큰어머님께 인사드리기 위해 큰댁을 들렀다. 그곳에서 명절을 맞아 찾아온 사촌 형님, 누님들, 동생들을 근 10년 만에 만났다. 시간이 많이 지나서인지 한 사촌 형님은 그 사이에 머리가 다 벗겨져 있었다. 그렇게 아리따웠던 사촌 누님의 얼굴에서도 세월을 읽을 수 있었다.

동네 어귀에 들어서자 예전의 정다운 모습은 어디론가 사라지고, 수천 세대의 아파트가 들어서 동네 절반은 완전히 다른 모습으로 변해 있었다. 어린 시절 내가 나고 자라던 집도 큰 길이 나는 바람에 흔적조차 없이 사라져 있었고, 그나마 조금 남아 있는 시골집들은 중간 중간 들어선 현대판 음식점의 화려한 간판 앞에 초라하게 자리를 지키고 있을 뿐이었다.

어린 시절 크리스마스 때면 높은 산으로 교회의 트리를 만들 나무를 베러 다니곤 했던 형님과 대화를 나누었다.

"형님, 동네가 너무 어수선해져서 옛날의 멋이 사라져가는 것 같아요. 전 예전의 그 모습이 너무 좋아서 그대로 간직되어지길 바랐는데…."

"주인이 바뀌어서 그래. 옛날 내 집처럼 동네를 가꾸고 지키는 사람이 이제는 거의 없어. 이제 이곳에 들어오는 사람은 환경이나 시골의 정겨운 멋보다는 돈벌이에 관심을 둔 사람들이니 이렇게 변할 수밖에…"

형님은 씁쓸하게 대답했다.

그렇구나. 나의 것이란 생각을 가지고 지키고 가꾸는 것이 얼마나 중요한지.

큰댁을 방문하고 돌아서는 길에 담벼락에 달려 있는 노랗게 익은 호박을 보았다. 낯선 풍경속에서 만난 그 호박이 너무도 반갑고 사랑스러웠다. 마치 오랜 친구를 만나는 기쁨과도 같았다. 몇 번이나 그 호박을 쓰다듬고 마음 같아선 사진이라도 한 번 찍어 두고 싶었지만 카메라를 준비하지 못한 터라 아쉬움을 남기고 돌아섰다. 다음 명절엔 저 호박마저도….

신앙도 마찬가지가 아닐까. 늘 미래를 보며 살아야 하고, 새로운 것에 과감히 자신을 던져 변화를 시도해야 하지만, 지난 시간들의 귀한 것을 잃어버리지 않았으면 하는 마음을 가져본다.

한 가닥 희망의 빛을 보다

영국에서 공부할 때 이른 아침 연구실로 가는 길목에 항상 아침 기도를 하기 위해 채플실에 잠시 들렀다. 여느 때처럼 조용히 들어선 채플에서 깜짝 놀란 것은 한 형제가 십자가 아래에서 작은 빛에 의지해 성경을 읽고 있는 모습때문이었다. 형제는 다음 날도 그 십자가 앞에서 기도로 아침을 시작하고 있었다. 신선한 충격과 함께 한 가닥 희망의 빛을 보는 듯했다.

날이 갈수록 세상은 무분별한 성적 자유와 이기주의로 넘쳐나고 있다. 그 가운데 한때는 믿음의 거장들이 태어나 세계에 복음을 전했던 영국 교회 역시 이런 분위기에 휩쓸려 앞으로 몇십 년 후면 교회가 사라진다는 이야기까지 나오고 있다. 무엇이 이 혼탁한 시대에 참된 소망과 삶의 지혜를 줄 수 있을까?

이른 아침 조용히 십자가 앞에 무릎을 꿇고 말씀을 펴든 그 젊은이의 맑은 눈동자 속에서, 꺼져가는 등불 속에 새롭게 반짝이는 한 줄기 소망의 불꽃을 본 듯 했다. 진지하게 시대를 끌어안고 하나님 앞에서 기도하는 모습이야말로 하나님이 숨겨 놓으신 이 시대의 믿음의 사람이 보일 수 있는 모습이 아닐까.

수요 채플시간, 학교 예배에 참석할 때마다 전세계에서 하나님 나라를 향한 꿈을 품고 모여든 수백 명의 젊은이들의 모습을 통해 새로운 희망을 본다. 그곳에는 하나님을 향한 깊은 회개의 눈물이 있고, 하나님의 뜻을 따라 올바르고 참되게 살아가려는 결단이 있으며, 방종이 아닌 하나님 앞에서의 자유가 있기 때문이다.

창가로 낙엽이 떨어지는 것을 본다. 떨어진 낙엽은 파란 잔디와 어울려 아름다운 한 폭의 그림을 보여 준다. 카메라가 있으면 담아놓고 싶은 풍경이다. 낙엽이 떨어지지 않으면 그 나무는 새 봄을 준비할 수 없다.

십자가 아래 무릎을 꿇은 그 형제는 어찌 보면 말없이 떨어지는 한 잎의 낙엽인지도 모른다. 혼탁한 이 시대를 위해 말없이 기도하는 사람, 오직 정결하게 말씀대로 살아가고자 진지하게 말씀을 묵상하는 사람으로서 하나님의 푸르고 푸른 계절이 오게 하는 썩어지는 한 알의 밀알처럼 말이다.

인생과 사랑은 하나다

고등학교를 졸업하던 날, 나는 '사랑이 무엇이라고 생각하십니까? 인생이 무엇이라고 생각하십니까?' 라는 설문지를 반 친구 모두에게 돌렸던 적이 있다. 지금 생각하면 사랑에 대해 깊이 생각해서라기보다는 친구들의 필체를 한 문장이라도 남기기 위해서였었던 것 같다. 어렸지만 나름대로 만남이 참으로 소중하다고 생각했었나보다. 안타깝게도 그 설문지는 오래 간직되지 못했고, 헤어진 친구들과 언젠가 다시 만나게 될 희미한 소망만 붙잡고 있다.

조용한 아침, 성경을 읽다 문득 그 추억의 설문지가 생각났다. 세월이 많이 흐른 지금 다시 한번 인생과 사랑에 대해 묻는다면 친구들은 그때와 얼마나 다른 답을 써내려갈까.

전도서의 저자는 장래 일을 알지 못하는 것이 인생이요, 악한 일에 징벌이 속히 실행되지 않으므로 인생들이 악을 행하기에 마음이 담대하지만, 해는 떴다가 지며 그 떴던 곳으로 빨리 돌아가듯이 그날이 그림자 같은 것이 인생이라고 했다. 또한 빠른 경주자라고 선착하는 것이 아니며 유력자라고 전쟁에 승리하는 것이 아니며, 지혜자라고 식물을 얻는 것이 아니며 명철자라고 재물을 얻는 것이 아닌 것이 인생이라고도 했다. 참으로 만고의 진리다.

또한 그는 전도서에서 또 한 가지 강조한 것이 있으니 바로 사랑이다.

"두 사람이 함께 누우면 따뜻하거니와 한 사람이면 어찌 따뜻하랴. 모든 헛된 날에 사랑하는 아내와 함께 즐겁게 살지어다."

왜 그는 인생과 사랑을 같이 이야기했을까. 그 속에는 참으로 깊은 의미가 담겨 있다. 진실로 지혜로운 인생은 깊이 사랑하며 사는 것이기 때문이다.

〈서른, 잔치는 끝났다〉란 책으로 인기를 누리던 한 여성 작가가 텔레비전 인터뷰에서 사랑에 대해서 어떻게 생각하냐는 질문을 받았다. 그녀는 "저는 진정한 사랑을 믿지 않기에 아무도 사랑하지 않습니다"라고 대답했다. 참으로 슬픈 인생이지 않은가. 인생과 사랑은 하나요, 인생의 진면목을 아는 사람은 사랑을 하기 마련인데 말이다.

진정한 사랑은 많은 물로도 끌 수 없는 불같은 사랑, 홍수도 덮을 수 없는 사랑이다. 누가 값진 사랑을 할 수 있을까? 십자가의 '내어 줌' 의 깊은 사랑을 아는 사람이다. 예수 그리스도께서 십자가의 아픔과 고통을 딛고도 우리를 끝까지 지켜 주신 그 뜨거운 사랑을 아는 사람이다. 이런 사랑을 알지 못하는 사람은 차가운 바람이 부는 듯한 인생을 따뜻하게 살기 어렵다. 그리하여 인생과 사랑은 하나다.

깊은 우물의 비밀

시골에 아주 깊은 우물이 있었다. 이 깊은 샘물은 여름이면 동네에서 제일 시원한 우물로 소문이 나 있었다. 여름 더위에 지친 개구쟁이들이 한바탕 놀이를 마치고는 제일 먼저 달려가는 곳이기도 했다. 그러나 우물이 깊어 물을 길어 올리는 것이 쉽지 않았다. 한참 걸려 길어 올린 물은 마치 냉장고에 오래 보관해 둔 생수 마냥 시원해 여름 더위의 갈증을 한 번에 가시게 했던 기억이 있다.

겨울이면 우물은 묘기를 부리듯 따뜻한 물로 변한다. 우물이 깊기 때문에 차가운 날씨에 별로 구애를 받지 않아 따뜻하게 느껴지기 때문이다. 우물물은 배고픈 동네 꼬마 아이들의 충실한 간식거리가 되곤 했다.

어린 마음에 그 우물물이 참으로 신기했다. 그 깊은 곳에 물이 있다니, 그리고 퍼내도 퍼내도 항상 퍼올릴 수 있고, 퍼내지 않아도 넘치지도 않다니.

하나님이 우리에게 주신 '성경말씀' 도 같은 비밀을 가지고 있다. 여름이면 시원하고, 겨울이면 따뜻한 은혜의 생수. 우물이 너무 깊어 그 말씀을 길어 먹기는 쉽지 않지만 우리 삶의 갈증을 해결해 주는 하나님의 말씀이 그 안에 들어 있는 것이다. 신기하게도 그 말씀은 먹지 않아도 넘치지 않고 늘 그 자리에 있고, 길어 먹으면 어딘가에서 끊임없이 솟아나와 한없이 '은혜의 생수' 를 제공하고 있다.

여러 가지 삶의 문제들로 목마르고 지쳐 있을 때, 그때가 바로 생명의 우물로 가서 마음껏 은혜의 생수를 마시고 힘을 얻을 때가 아닐까. 그 우물의 비밀을 모르고 그저 목말라 하며 힘들게 살아가고 있는 나그네가 있다면 깊은 우물물의 비밀을 말해 주고 싶다.

부끄러운 귀가길

집회차 영국을 방문한 이재철 목사님과 함께 식사할 수 있는 기회가 있었다. 집회 초청을 한 교회 담임목사님과 친분이 있는 큰 교회 목사님들과의 자리였다.

식사 시간 내내 나의 관심은 온통 이재철 목사님께 가 있었다. 평소에 존경하던 분을 만난 터라 이것저것 대화를 나누고 싶은 것들이 많이 있었기 때문이다. 귀기울여 이재철 목사님이 개인적으로 나누는 이야기들을 열심히 듣고 있었다. 체코의 순교자 이야기, 세 개로 나뉘어져 있던 제네바 한인교회의 하나 됨의 과정에 얽힌 뒷이야기, 개인적인 삶의 이야기 등 그야말로 소중한 대화들이었다.

평소 지도자의 삶과 목회철학에 관심을 많았기에, 한국과 외국에서 목회하시며 미래를 위해 가져야 할 바람직한 목회자의 자세와 목사님의 목회철학이 무엇인지에 대해 질문했다.

"…미래를 보는 눈을 가져야 합니다. 외국교회가 미래 한국교회의 소망이라고 봅니다. 한국에만 있어서는 여러 가지 편견과 수용할 수 있는 마음을 배우기가 참으로 어렵기에, 외국에 있으면서 모든 것들을 수용할 수 있는 것을 배우는 것이 중요하다고 생각합니다. 평신도 역시 그렇습니다. 외국 생활이 참으로 좋은 기회입니다. 약 3년간 머물면서 말씀의 본질을 배우고, 여러 사람들을 수용할 수 있는 마음들을 배우고 돌아가서 개교회 속에서 빛과 소금의 역할을 감당할 때 한국교회의 미래는 있습니다."

여러 질문을 통해 나의 목회와 앞으로의 미래를 생각하게 되어 참으로 뜻 깊은 시간이었다. 돌아오는 길에 목사님과 나눈 대화들을 다시 되새겨보며 소망으로 가슴이 가득 차 있었지만 왠지 마음 한구석이 무거웠다. 왜 그랬을까? 좋은 만남을 가졌는데….

순간 생각나는 것이 있었다. 식사할 때 목회자 후보생 형제가 내 옆자리에 앉게 되었는데 그 젊은 친구는 짬이 나는 대로 나에게 이런 저런 질문을 던졌었다. 대답을 하긴 했지만 내 관심은 온통 이재철 목사님의 이야기에 집중되어 있었다. 결정적으로 영국 한인사회에 대해 묻는 그에게 "저는 영국 한인사회 잘 모릅니다" 라고 얼버무리고 나는 이재철 목사님에게 집중해서 같이 동석한 목사님들과 의 대화 속으로 빠져버렸던 것이다.

어떻게 하면 좋은 지도자가 될 수 있을까? 좋은 지도자를 만나 귀한 삶의 지침들을 얻는 것은 참으로 중요하지만, 나의 관심이 온통 거기에 가 있다 보면 나의 도움이 필요한 소중한 사람을 소홀히 할 수 있음을 깨닫게 됐다.

"소자에게 냉수 한 그릇 떠 준 사람에게 복이 있다"고 말씀하신 예수님의 겸손한 가르침이 생각났다. 참된 지도자는 위만 바라보며 자기의 관심과 욕심에만 눈을 돌리고 집중하는 사람이 아닐 것이다. 먼저 다른 이의 필요에 민감하며 주위를 돌아보고 섬기는 사람이 아닐까 되뇌이는 귀가길이 참으로 부끄러웠다.

5
인생의 사계절

졸업, 제대 그리고 인생

영국에서 공부하던 어느 날, 같은 연구실에서 공부하던 한 친구의 박사 논문 심사가 있었다. 논문을 제출하고 구두 심사를 기다리는 학생들은 아침부터 초조한 마음으로 기도를 올리며 학업의 마지막 관문인 구두 논문심사를 기다린다. 한 두 시간의 심사를 마치고 합격이 결정되면 연구실의 동료들은 하던 공부를 멈추고 모두 함께 박수를 치며 축하해 준다.

그날 역시 한 친구가 그의 마지막 논문심사를 통과하고 4년 반이라는 긴 박사과정을 끝냈다. 이제 그는 내일이면 모든 짐을 정리해 떠나게 될 것이다. 그리고 또 다른 누군가가 떠나간 그의 자리를 대신하게 될 것이다.

나도 저런 날이 올까? 나도 저 친구의 자리에 서서 박수를 받으며

"감사합니다" 라고 인사할 날이 올까?

문득 군대시절 생각이 났다. 한 해 재수하여 대학 1학년을 시작하자마자 영장을 받았다. 마침 누님도 대학생이었던 터라 시골에서 두 명의 대학생을 뒷바라지한다는 것이 어렵다는 결론이 나왔다. 한편으로 인생을 이렇게 살아서 되랴 싶어 군대를 연기하지 않고 가기로 결정했다. 그러나 막상 들어간 군대는 요즘 말로 '장난이 아니었다.' 발길에 걷어차이며, 온갖 욕설과 함께 시작한 군대 생활은 끝이 보이지 않았다. 6주 간의 신병훈련을 마치고 배치된 자대는 최전방, 민간인이라고는 건너편에 보이는 북한 주민들뿐인 철책이었다.

고참들이 묻는 "너 언제 제대하지?" 라는 물음에 아무것도 모르고 나름대로 계산하여 대답하던 순간, 나는 비웃음과 함께 군기가 빠졌다는 이유로 흠씬 두들겨 맞아야 했다. 나는 아직 그날을 생각해서는 안 되었던 것이다… 가끔씩 제대하여 철책을 내려가는 병장들이 한없이 부러웠다. '과연 나에게도 그날이 올까.'

그런데 '대조적인 모습' 이 있다. 바로 인생이다. 군대생활이나 학교생활이나 모든 과정을 마치고 명예롭게 떠나는 사람을 축복하고 부러워하지만, 어쩌면 가장 오랜 시간을 보내는 인생은 아무도 떠나고 싶어하지도 않고, 아무도 떠나는 사람을 부러워하지도 않는다. 왜 그럴까? 한 평생을 멋있게 살았다면 모든 사람들의 축복 속에, 모든 사람들의 부러운 눈길을 받으며 떠나야 하지 않을까? 그리고 보내는 사람도 '나에게도 저런 날이 올까?' 하는 부러움으로 바라봐야 되지 않을까?

생각컨대 둘의 차이는 이것이 아닌가싶다. 전자는 사회에 나가 떳떳한 사람으로 살아가기 위해, 좋은 목사, 교수가 되기 위해 그동안 넘어야 하는 많은 고난과 눈물과 인내의 시간을 보낸 사람들 앞에 펼쳐져 있는 내일이 있기 때문이다. 그러나 후자는 그 동안 누려오던 영광과 즐거움이 끝나 내일이 없는 영원한 졸업인 것이다.

바로 내일의 문제다. 내일이 있는 사람과 내일이 없는 사람. 이것은 아주 당연한 것이다. 그러나 인생의 졸업식장에서도 군대와 학교의 졸업과 동일하게 기뻐하는 사람이 있다. 바로 천국의 소망을 가진 사람이 아닐까. 앞으로 더 이상의 깊은 고뇌도, 혼자 삼켜야 하는 눈물도, 시기도 질투도 없이 영원히 하늘나라에서 주님과 함께 살 소망이 있는 사람.

인생의 졸업식장에서 기뻐하는 모습으로 떠나가는 나이길 기도해본다.

내가 인생을 다시 산다면

솔로몬 시대에 경건함, 순종이란 뜻을 가진 야게의 아들 아굴이라는 사람은 그의 일생에 두 가지 일을 죽기 전에 주시길 하나님께 구했다.

"하나님! 허탄과 거짓말을 내게서 멀리 하옵시며, 나로 가난하게도 마옵시고 부하게도 마옵시고 오직 필요한 양식으로 내게 먹이시옵소서. 왜냐하면 배불러서 하나님을 모른다, 여호와가 누구냐 할까 하오며, 혹 가난하여 도적질 하고 내 하나님의 이름을 욕되게 할까 두렵기 때문입니다" (잠언 30:7~9).

아굴의 기도는 그의 인생관을 잘 보여 준다. 하나님께 영광을 돌리는 삶을 그는 일생을 통해 살고 싶었던 것이다.

프랭크 딕키라는 시인은 '내가 인생을 다시 산다면' 이라는 시에서 이렇게 말했다.

내가 인생을 다시 산다면
좀더 많이 웃을 것이고,
좀더 많이 사랑할 것이고,
아침에 일어나 떠오르는 태양을 좀더 많이 바라 볼 것이고,
사랑하는 이들에게 좀더 많은 편지를 쓸 것이고,
좀더 많이 아름다운 자연을 볼 것이고,
좀더 많이 노래할 것이고…
내가 만난 슬픔이나 아픔은 좀더 빨리 잊어버릴 것이다

하루에도 여러 번 여러 가지 일들이 일어나는 복잡한 현대인의 삶. 우리의 삶은 항상 기쁜 일만 일어날 수 없다. 이런 저런 일로 인해 우리는 우울하고, 오해하며, 슬픔에 빠지며 때로 분노한다.

하나님 앞에서 올린 아굴의 소박한 기도, 딕키 시인의 인생을 위한 노래는 중요한 의미를 주고 있다. 나는 주님을 위해 어떤 기도가 필요할까. 또한 '내가 인생을 다시 산다면' 이라는 질문에 어떻게 대답할 수 있을까.

인생을 다 살고 난 다음 그 질문을 받게 된 사람에겐 단지 아쉬움만이 그 답을 대신하지만, 아직도 살아갈 인생이 많이 남은 이들이 이 질문을 마음에 새긴다면 그는 더 가치 있는 멋진 인생을 살 수 있게 될 것이다.

"하나님! 나의 인생을 욕심을 뺀 필요한 것들로 채워 주시옵소서. 오늘부터 아름답고 좋은 생각을 더 많이 하고, 더 많이 사랑하고, 늘 웃는 얼굴로 살아가게 하옵소서. 작은 것에도 감사할 줄 알고, 마음을 잘 다스림으로 더 넉넉한 마음으로 행복을 느끼고, 좋은 일들은 더 오래 간직하며, 좋지 못한 일들은 되도록 빨리 잊어버리는 삶을 살아가게 하옵소서."

이것이 인생이다

한 노인이 먼 바다로 나가서 혼자 감당하지 못할 한 큰 고기를 낚았다. 결국 그 노인은 고기를 배에 올려 놓지 못하고 배에 매달아 육지로 끌고 온다. 돌아오는 길에 바다는 노인의 배를 가만 두지 않았다. 작열하는 태양은 때로 노인을 쓰러뜨릴 만큼 어지럽게 했고, 크고 작은 많은 고기들이 노인의 배에 매달린 고기를 뜯어먹었다. 마침내 만신창이가 된 노인의 배가 육지에 다다랐을 때 그 고기는 이미 앙상한 뼈만 남아 있는 상태였다. 저 유명한 어네스트 헤밍웨이의 〈노인과 바다〉라는 소설이다.

노인의 항해가 우리 인생의 모습과 너무도 닮아 있지 않은가. 이 세상에 태어나 그 무엇인가를 성취하기 위해 치열하게 살아가다가 어느 날 정상에 우뚝 서게 되지만 정상에 오르는 순간, 마음의 소원과 다짐은 어디론가 사라져버리고, 또 다른 정상을 향해 정신없이 달려가는 우리…

화려한 명예도, 정상의 자리도 자신에게 아무런 도움을 줄 수 없는 시간이 왔을 때 우리는 어디론가 또 떠나야 한다. 이것이 인생이다.

그러나 이것이 인생임에도 불구하고 너무나 평범한 진리이기에 사람들은 너무도 자주 이 진리를 잊어버리는 것 같다. 에덴을 떠난 이스라엘 백성들이 자신의 지혜와 명예로 바벨탑을 쌓았을 때 그것이 세속적으로 보기에는 참으로 멋있고 화려한 성공으로 보였지만 결국 그들은 하나님의 진노 아래 세상으로 흩어지는 어리석은 인생들이 되고말지 않았는가.

그러나 또 다른 인생도 있다. 성경에 나오는 하나님의 사람 여호수아다. 그는 힘이 있었고 지식과 지혜가 있는 사람이었다. 그러나 가나안을 정복할 때 자신의 지식과 힘을 의지하지 않았다. 그는 항상 하나님께 여쭙는다.

"하나님, 이 일을 할까요? 말까요?"

그리고 하나님께서 하라 하시면 눈앞에 보이는 여러 나라의 왕들과 바다의 모래알같이 많은 적병들을 두려워하지 않고 앞으로 나갔다. 결국 승리는 여호수아의 것이었다. 자신의 힘이 아니라 하나님의 힘을 의지했기 때문이다.

나는 혹여 〈노인과 바다〉의 주인공과 같은 인생을 살고 있지는 않은가? 내 마음 깊은 곳에 세상을 향한 마음을 두고 그것을 따라 살다가 어느 날 앙상한 뼈만 남은 고기를 매달고 있는 내 모습을 발견하진 않을까.

인생의 황혼에 그런 노인 같은 사람이 되지 않으려면 오늘 난 무엇을 하며 나의 삶을 채워가야 할까 생각해본다. 여호수아의 행보를 기억하며 하나님 앞에 겸손히 나아가 무릎을 꿇고 다시 한번 진정한 삶의 목적을 물어보아야 하지 않을까.

너무 늦은 것은 없네

언제부터인가 교회 형제 자매들의 아름다운 바이올린 선율에 익숙해진 때문인지 조금 서투른 바이올린 선율을 들으면 나도 모르게 '어, 이건 좀 서툰 소리구나' 하는 수준 있는(?) 사람이 되어버렸다.

최근 바이올린을 배우기 시작한 친구가 있다. 친구는 열 다섯 살 먹은 어린 소녀에게서 레슨을 받고 있다면서 내가 찾아갈 때마다 그동안 연습했던 곡을 들려주곤 한다. 처음엔 소리도 제대로 나지 않는 바이올린을 들고 이리저리 애쓰는 모습을 보면서 '야, 저 나이에 언제 바이올린을 배워 연주를 하려고 하지?' 혼자 속으로 생각하기도 했다.

제대로 소리가 나지 않던 그 바이올린은 언제부터인가 조금씩 '꺽

꺽' 거리기 시작했다. 아직은 선율이라 부르기엔 좀 이르지만 나이를 잊고 새로운 세계로 '도전하는 용기' 가 참 멋있다고 생각했다.

한때 나도 무척 피아노가 치고 싶었다. 어린 시절 시골교회에 기증받은 풍금이 있었는데 아무도 칠 사람이 없어서 늘 뚜껑이 닫힌 채였다. 어린 마음에 얼마나 안타까웠는지, 저 풍금을 누군가가 칠 수만 있다면 얼마나 좋을까, 그러면 찬송도 풍금에 맞추어 하고, 예배도 더 은혜스러울텐데 안타까웠던 기억이다. 그때 내 나이는 아주 어렸을 때고, 만약 내가 그때 포기하지 않고 건반이라도 짚는 것을 배우기 시작했더라면 지금쯤 피아노를 치면서 찬송을 부를 수 있을텐데 하는 생각이 든다.

지금은 고인이 되었지만 학창시절 '성서교수법' 을 가르치던 할아버지 교수님이 계셨다. 늦게 플루트를 배운다고 날마다 삑삑거리시더니 어느 날은 마침내 학교 채플시간에 특별연주 명단이 나왔다. 그 분은 열과 성을 다해 멋있게 '저 높은 곳을 향하여' 를 연주하셨고, 호기심 어린 마음은 어느새 깊은 감동에 젖었었다.

이런 생각을 하자, 나이 먹은 친구의 '꺽꺽거리는 바이올린' 의 선율이 얼마나 아름답게 들리던지. 그렇다. 우리 인생은 늦었다고 생각할 때가 가장 빠른 것이다. 자꾸만 자신이 없어지고 포기하고 싶은 생각이 들 때 다시 일어서는 용기, 새롭게 시작하는 도전이 얼마나 필요한지 '꺽꺽거리는 바이올린' 소리를 들으며 새삼 느껴보는 시간이었다.

기러기에게 배운다

사는 것이 너무 힘겨울 때 우리는 누군가 곁에 있어 주었으면 하고 바랄 때가 있다. 세상은 분주히 돌아가고 주변의 동료들도 자기 일을 처리하기에 너무나 바쁜 모습을 보면 왠지 우린 그 속에서 모두 혼자라는 느낌을 받게 된다. 우리가 그 외로운 순간을 어떻게 하면 아름다운 삶으로 바꿀 수가 있을까 생각해보다가 한갓 철새에 불과한 기러기들의 삶을 통해 몇 가지 교훈을 얻게 됐다.

조류학자들에 의하면 V 자형의 대열을 지어 날아가는 기러기들은 혼자 나는 것보다 떼를 지어 날 때 71% 더 오래 날 수 있다고 한다. '내가' 라는 이기주의는 어리석지만 '함께 더불어 생각하고 살아가는 삶' 은 강한 힘을 발휘할 수 있다. 혼자보다는 함께할 때 더 큰 힘을 발휘할 수 있기 때문이다. 또한 기러기는 V자형으로 날아간다.

그것은 공기대가 형성되어 뒤따르는 기러기들이 날기 쉽게 하기 위한 것이라고 한다. 물론 앞선 기러기는 빨리 지친다. 그래서 기러기들은 가끔 위치를 바꾼다. 서로를 위하는 마음에서다.

기러기들은 날면서 계속 운다. 이것은 비명이 아니라 자기의 위치를 알리고 서로를 격려하는 나팔소리 같은 것이다. 힘겹게 먼 길을 날면서도 가족과 동료를 격려하기 위해 목놓아 우는 기러기들의 마음을 우리는 배워야 한다.

기러기들은 또한 만일 한 마리가 부상을 당하여 함께 계속 여행을 하지 못할 경우 반드시 서너 마리의 동료가 낙오자와 더불어 머문다고 한다. 동료의 불행을 함께 짊어지는 아름다운 공동체 의식이다. 서로의 짐을 나누어지는 삶의 지혜다.

예수님께서 우리에게 가르치신 것은 바로 기러기의 삶과 같다. “형제들아 너희가 짐을 서로 지라. 그리하여 그리스도의 법을 성취하라” (갈 6:2).

하나님은 우리가 혼자서 이 세상을 살아가도록 창조한 것이 아니라 함께 걸어가도록 창조하셨다. 아담의 돕는 배필로서 하와를 주었듯이 말이다(창 2:18). 누군가가 나를 필요로 할 때 바로 그 누군가가 되어 ‘함께 걸어가는 삶’ 이 바로 사랑의 모습이 아닐까 생각해본다.

인생의 궤도를 유지한다는 것

저녁 식사를 하고 바람을 쐴 겸 연구실 뒷편에 있는 벤치에 잠시 앉았다. 한여름, 하루 종일 대지를 달구던 태양은 나뭇가지에 걸려 하루의 마지막 빛을 비추고 있었다. 무심코 올려다본 하늘에서 간간히 떠 있는 구름과 그를 배경으로 그어진 하얀 줄 몇 개를 볼 수 있었다. 자세히 보니 비행기가 남기고 간 흔적이었다.

서로 다른 방향으로 난 흔적이 이어져 있었고 가끔씩 교차하는 지점도 있었다. 아마도 비행기의 목적지가 다르기 때문이라 생각해본다. 얼마 전인가 중국과 미국의 비행기가 비행하던 중 접촉 사고가 나서 몇 명의 희생자를 내고, 중국에 불시착한 미국의 스파이 비행으로 국제적인 문제가 되었던 적이 있다. 가서는 안 될 영공을 넘어 다른 길로 갔고, 적절하게 유지해야 하는 고도를 유지하지 않았기 때문이다.

하늘에 그려진 비행기 '길'의 흔적을 보며 우리네 인생도 가야 할 길이 있음을 생각해본다. 왜 인생에는 많은 문제들이 생길까? 왜 서로 싸우고 아웅다웅하며 서글픈 인생을 살아가는 걸까? 많은 사람들이 하나님이 정해 놓으신 궤도를 유지해야 함에도 불구하고, 때로 잔재주를 부리며 살아가기 때문이요, 가지 말아야 할 길도 여러 가지 유혹과 욕심에 이끌려 가기 때문일 것이다.

우리는 우리의 인생길이 너무 멀다고 느껴질 때, 인생이 혼자 걷는 외로운 길임을 가슴 깊이 느낄 때, 주저앉고 싶고 포기하고 싶어진다. 다른 손쉬운 길을 찾고 싶어진다. 길이 아닌 곳으로 가고 싶은 강한 충동을 느끼게 된다.

바로 그때가 힘을 내야 할 때, 다시 한번 우리 인생의 항로를 점검해야 할 때라고 하나님은 말씀하고 계신다. 내가 걸어가고 있는 길이 올바른 길인가? 정상적인 궤도를 유지하며 가고 있는가? 아니면 자신을 위해 타협하며 이기적인 길을 선택하고 있는가?

우리와 같은 삶을 살았지만 풍성한 삶을 살다간 신앙선배의 체험이 말씀을 통해 들려오는 듯 하다.

"눈을 들어 산을 보라. 우리의 도움이 어디서 올꼬. 나의 도움이 천지를 지으신 여호와에게로다. 여호와께서 너로 실족지 않게 하시며 너를 지키시는 자가 졸지 아니하시리로다" (시 121:1~3).

마지막 가는 길

"아버님, 죄송합니다. 오늘 몸이 좀 안 좋고 머리가 아파서요."

일흔 아홉인 할아버지의 생신을 맞아 온 집안 가족이 모여 식사하는 자리에 참석하지 못함을 죄송해 하며 자녀들만 보내고 일찍 귀가한 한 남자. 그로부터 몇 시간 후 식사를 마친 가족들이 집에 돌아와 발견한 것은 "몸이 좋지 않아 못 간다" 고 양해를 구한 아버지가 화장실에 쓰러져 있는 모습이었다. 급히 119를 불렀지만 아버지는 이미 이 세상 분이 아니었다. 불과 52세였다.

연락을 받고 장례를 인도하러 가는 길에 많은 생각이 들었다. 돌아가신 분은 아직 예수를 믿지 않는 분이었다. 예수를 믿지 않고 떠난 분이 가야 할 길은 분명히 정해져 있다. 성경에 "죄의 삯은 사망이라”(롬 6:24), “한 번 죽는 것은 사람에게 정하신 것이요 그 후에는 심판이 있으리니”(히 9:27)라고 분명히 말했는데….

문득 잠언의 한 구절이 생각났다.

“너는 내일 일을 자랑하지 말라. 하루 동안에 무슨 일이 날는지 네가 알 수 없음이니라”(잠 27:1).

그러나 우리는 마치 현재의 삶이 영원히 계속될 것처럼 생각하고 행동하며 살아가고 있지는 않은가. 잠시 몸이 피곤하여 쉬러 들어간 발걸음이 이 생의 마지막이 되리라고 어떻게 생각할 수 있었겠는가.

한 줌의 재로 변한 아버지를 떠나 보내는 화장장의 화구 앞에서 남겨진 가족들은 흐르는 눈물과 솟구치는 슬픔을 억제치 못했다. 그 안타까운 모습에 참석한 모든 이들은 마음을 다해 남겨진 가족들을 위한 기도를 올렸다. 예배를 인도하고 막 돌아서려는데 나이 지긋한 한 남자가 초상화 앞 종이컵에 술을 한잔 따르고는 나의 손을 덥석 잡았다.

“저 친구가 술을 무척 좋아했습니다. 그래서 제가 마지막 가는 길에 술을 한 잔 따라 주었습니다. 목사님! 부디 좋은 곳에 가도록 꼭 기도해 주세요.”

아무런 말도 못하고(좋은 곳에 가는 방법은 예수를 믿는 것 하나뿐인

데…) 고개만 그저 끄떡이고 돌아섰다. 옆에 섰던 집사님이,

"목사님, 저 분이 교회식으로 예배드리는 것을 그렇게 방해하는 분인데 오늘은 이상하네요. 목사님 손도 잡고 눈물까지 흘리고…."

장례를 인도하고 돌아오며 어떻게 살아갈까 생각하며 마음의 결단과 기도를 드렸다.

"주님! 더 많이 움켜쥐기 위해 아웅다웅하지 않고, 넉넉한 마음으로 살아가게 하옵소서. 주어진 오늘 하루 최선의 삶을 살아 언제 주님 앞에 설지라도 한 점의 부끄럼 없이 서게 하여 주옵소서."

마지막 키스

복도에서 만난 독일 친구가 'Shocking News!' 외치자 조용하던 연구실이 갑자기 시끌벅적해졌다. 의아해 하는 우리에게 독일 친구는 이야기의 자초지종을 설명했다. 아니, 어찌 그런 일이…. 급히 학생회관을 찾았다.

학생들이 모여 생방송으로 중계되는 비행기 테러 사건을 보고 있었다. 2001년 9월 11일, 한때 미국의 자부심과 부의 상징이었던 107층 높이의 쌍둥이 빌딩(Twin World Trade Commercial building)이 무너진 것이다. TV속의 장면은 그야말로 충격 그 자체였다. 할리우드 영화에서나 볼 수 있었던 장면이 계속해서 전파를 타고 있었다. 불타는 빌딩의 창문으로 많은 사람들이 흰 수건을 흔들며 구조를 요청하고 있었다. 견디다 못해 수십 층의 높이에서 뛰어내리는 사람이 있는가 하면, 창문 난간에 선 수십 명의 사람들이 절박한 심정으로 흰 천 조각들을 흔들고 있었다. 그리고 다음 순간… 두 빌딩은 무너져 내렸다. 건물과 함께, 애타게 구조를 기다리던 사람들도 흔적도 없이 사라져버렸다.

매일 아침이면 약 3만 잔의 커피가 팔린다는 빌딩, 그 날 아침도 약 5만 명의 사람들이 책상에 앉아 있었다는 보도를 보았다. 그 절망감….

밤늦게 들어간 숙소에서도 여전히 테러에 대한 방송은 계속되고 있었다. 적어도 만여 명의 사람들이 사망했을 것이라는 추측보도가 흘러나오고 있었다.

문득 지난 주 했던 설교가 생각났다. 아모스 선지자가 이스라엘 왕과 백성을 향하여 외친 마지막 시대의 모습, "엎드러지고 다시 일어나지 못하리라"(암 8:14).

노아 할아버지는 인간들의 범죄로 말미암아 하나님의 심판이 올 것이라는 이야기를 모든 사람에게 전했다. 그리고 홍수의 심판을 말했지만 모두들 믿지 않았다. 사람들의 비웃음과 조롱 속에 산꼭대기에 배를 짓고 세월이 흘러 하나님의 때가 되었다. 하나님은 동물을 불러 방주로 들이시고, 노아의 가족들을 들어가도록 명하셨다.

그때까지 세상 사람들은 꿈에도 이렇듯 무서운 홍수의 심판이 있으리라고 생각지 못했을 것이다. 노아의 방주 문이 닫혔을 때 지나가듯 떨어지는 한 줄기 빗방울이 그 첫 신호를 알렸을 때, 그것이 곧 전

인류를 멸망시키는 첫 빗방울이 될 줄 누가 알았겠는가?

" '설마' 라고 말하지 마십시오. 설마가 사람을 잡습니다."

내가 지난 주 했던 설교 대목이 생생하게 되살아났다.

많은 사람들의 아픔 속에서 나는 하나님의 뜻을 찾을 수 없음을 고백한다. 왜 그렇게 큰 아픔을 주셨는지 온전히 이해할 수는 없지만, 하나님께서 우리에게 주신 한 가지 분명한 메시지는 인생은 유한하며 들에 풀 같고, 피었다 지는 꽃과 같은 존재라는 사실이다. 분명 그날 아침, 쌍둥이 빌딩의 수만 명의 사람들은 세계 최고의 빌딩에서 일한다는 자부심을 가지고 출근했을 것이다. 수많은 경쟁자를 물리치고 최고의 금융가에 직장을 얻은 엘리트들은 아름다운 경치를 내려다보며 손에 한 잔의 커피를 들고 하루를 시작하고 있었을 것이란 상상을 해본다.

모두들 아침에 집을 떠나며 사랑하는 아내와 남편, 아이들과도 사랑의 키스를 나누었을 것이다. 다시 돌아오지 못할 마지막 키스임을 알지 못한 채, 한치 앞을 보지 못하는 것이 인생임을 알지 못한 채 말이다. 중요한 것은 현재 주어진 나의 삶을 얼마나 하나님께 바치며 충실하게 살아가느냐는 것이다. 지금 당장 주님 앞에 선다 해도 나의 삶이 부끄럽지 않도록, 내 안에 있는 영원한 생명의 주인 되신 예수 그리스도를 느끼며 한순간 한순간을 살아가야겠다.

6

인생은 버리는 연습이다

주님 손 안의 몽당연필

오랜만에 아내와 함께 영화를 보러 갔다. 우리가 고른 영화는 인도 캘커타 거리에서 예수님의 사랑으로 가난한 자들의 아픔을 끌어안으며 한 생을 바친 숭고한 여인, 그녀 일생의 한 대목을 담은 〈마더 테레사〉라는 영화였다.

영화를 보고 돌아오는 길에 아내는 처녀시절의 이야기를 들려주었다. 아내는 한때 막연히 인도로 선교하러 가고 싶다는 생각을 한 적이 있었다고 한다. 그 생각을 교수님께 말씀을 드렸더니 "왜 하필 인도로 가려고 해? 거긴 너무 지저분하고 고약한 곳이야!" 하시며 진지하게 말리셨다고 한다. 그러나 아내는 인도로 향하고픈 마음속의 열망을 잠재울 수 없어 짐까지 다 싸놓고 집안 식구들에게 이별 통보를 보냈다. 그리고 100일 아침 금식 기도를 마친 일주일 후 한 형제를 만났고, 그 형제가 하도 정신없이 몰아붙이는 통에 그만 결혼하게 되었다는 것이다. 그 바람에 인도행은 물거품이 되고 말았지만 기회가 되면 언제고 한 번 인도에 가보고 싶다고 했다.

아내의 이야기를 들으니 좀 미안하기도 하고, 내심 '그때 잘 만났지' 하는 생각도 들어 그냥 말없이 웃어 주었다. 테레사 수녀의 삶은 평범 이상의 모습이었다.

"미소는 전염성이 강합니다. 주님을 사랑하는 자는 미소를 짓습니다."

자신이 평소 자주 하던 말대로 그녀는 어떠한 열악한 상황 속에서도 미소를 잃지 않았다. 주님의 선한 일을 행하는 가운데 때로 말도 안 되는 모함이나 갖가지 어려운 일, 희망이라고는 전혀 없어 보이는 상황에 닥치게 되어서도 그녀는 '미소'를 날렸다. 그리고 그 미소는 전염되었다. 어느 날, 스스로의 힘의 한계를 느낀 테레사 수녀는 "나는 주님 손 안의 몽당연필일 뿐이다. 쓰시는 분은 오직 하나님뿐이시다"라고 고백했다.

영화를 보면서 줄곧 많은 생각을 했다. '젊음'이란 모든 특권, 즐거움, 사랑까지도 내려놓고 주님을 향한 사랑이 곧 소명이 되어 한 생을 산 여인. 특히 몽당연필로서 테레사 수녀의 고백은 나의 마음에 강한 인상을 남겼다. 나의 마음 안에는 "주님, 몽당연필은 안 됩니다. 그래도 좀 긴 연필은 되어야지요" 하는 마음이 있었기 때문이다.

지금도 아직 '몽당연필' 을 감당할 마음의 준비가 완전히 되지는 않았다. 그러나 조금씩 자신을 비우는 연습, 버리는 연습을 하려고 한다. 그러다 보면 나도 '주님 손 안의 몽당연필' 의 주인공을 먼 발치에서나마 따라가지 않을까 하는 생각 때문이다.

언젠가 아내와 함께 인도의 캘커타 거리를 걸어보고 싶다. 그때는 조금이라도 더 짧은 '주님 손 안의 몽당연필' 이 되어 있어야 할텐데.

떠날 때 버려야 할 아까운 것들

얼마 전 몇몇 권사님과 함께 새로 이사한 한 집사님 댁에 심방을 가게 됐다. 함께 가는 차 안에서 이런 저런 대화들을 나누던 중 한 권사님이 말씀하셨다.

"나는 요즘 하나씩 정리를 해. 왠지 나이가 들어가면서 단순하게 살고 싶어지고, 언제든지 떠날 수 있도록 준비를 해야겠다는 생각이 들지 뭐야. 그리고 이것저것 남겨 두면 자식들에게 짐이 될 것 같기도 하고."

그 권사님의 이야기는 이러했다. 얼마 전 소식이 끊어졌던 친한 고교 동창을 다시 만났는데 친구는 유명한 성악가요, 교수가 되어 있었다. 그러나 얼마 안가 몸이 이상하다며 병원에 가보더니 암으로 판정되어 몇 개월도 채 살지 못하고 세상을 떠났다는 것이었다. 그후 그 친구의 집을 정리할 사람이 없어 대신 정리해 주러 가게 됐는데 피아노가 몇 대나 되고 무엇보다 화려한 무대복이 얼마나 많은지 몇 차를 실어 날라야 했다고 한다. 그런 과정을 보며 든 생각이 '버리는 연습' 이었다.

돌아와서 "자식 고생 시키지 않으려면 미리 잘 정리하고 살다 가야지" 하며 큰맘 먹고 정리를 시작했는데 가장 버리기 어려운 것이 바로 사진이라고 했다.

"내가 죽으면 자식들이 내 사진 버리지도 못하고 얼마나 짐이 되겠어. 그걸 알면서도 사진은 버리지 못하겠더라구. 내가 살아온 세월들의 추억이 담겨 있기 때문인지… 그래서 그런지 나중을 생각하니까 나이들어 사진찍기도 싫어지고 말야."

별로 생각해 보지 못한 부분이었다. 자식에게 짐이 될 줄 알면서도 쉽게 버려지지 않는 것, 그중 하나가 우리의 마음에 간직된 아름다운 추억일 것이다. 그 추억이 담긴 사진들을 누가 주저않고 버릴 수 있겠는가.

생이 다하여가는 순간, 나는 무엇을 남기고 갈 것인가 생각해보았다. 화려한 무대복을 남기고 갈 것인가, 아름다운 추억이 담긴 사진들을 남기고 갈 것인가. 아니면 주님을 위하여 흘린 눈물을 남길 것인가. 우리 인생에서 무엇을 남기고 무엇을 버리고 갈 것인가를 생각게 하는 귀한 시간이었다.

한 치 앞도 모르는 인생

언제부터인가 '하나님 앞에서 나는 떳떳할 수 있는가?' 라는 물음을 자주 던져 보곤 한다. 긍적적인 대답이 나오면 자신감이 생긴다. 그러나 미지근하거나 부정적인 대답이 나오면 왠지 고개를 들어 하늘을 보기가 부끄러워진다.

도서관에서 자료를 찾다가 높이 있는 책을 내려 보려고 애쓰고 있을 때 갑자기 연구실에서 한 자매가 뛰어왔다. 집에서 전화가 왔는데 급한 일이 생긴 것 같다고…. 무슨 일인가 하여 급히 연구실로 가서 집으로 전화를 걸었다. 약간 당황한 목소리, 그러나 아내 특유의 명랑한 웃음 섞인 목소리가 들려왔다.

"여보, 차가 집을 들이받았어요! 그래서 거실 벽이 좀 부서지고 옆 벽이 금이 갔어요. 정말 하나님이 도우셨어요. 바로 그 벽 앞에서 평강이 이유식을 먹이고 있었는데….”

처음 당하는 일이라 무엇부터 해야 할지 떠오르지 않았다. 멍한 정신으로 주선주섬 가방을 챙겨 급히 차를 몰았다. 학교에서 집으로 오는 시간은 약 1시간 30분. 그날따라 차가 너무 많이 막혀 소요된 시간은 약 1시간 50분, 긴 시간을 달려오면서 많은 생각을 했다.

사고는 나만 주의한다고 되는 게 아니다. 상대방의 실수로도 얼마든지 사고는 날 수 있다는 것이다. 그렇다면 결국 안전은 나한테만 달려 있는 게 아니다. 언제 어떻게 될지 모르는 것이 우리의 인생이라는 생각이 들었다. 세계에서 제일 안전한 비행기 콩코드도 안전수칙에 충실함과는 전혀 무관하게 사고를 당했다. 그 잔해의 현장에서 수거된 보석이 5천 점에 이른다는 기사가 생각났다. 그들은 아무도 한 치 앞의 죽음을 예측하지 못한 채 비행기를 탔던 것이다. 그 길이 이 땅에서 그들의 마지막 여행이 될지 모른 채 말이다.

우리는 모두 언제 갑자기 하나님 앞에 서야 할 순간이 올지 알지 못한다. 밥을 먹다가, 잠을 자다가, 책을 보다가, 선한 일을 하다가, 분노에 차 있다가, 원망하다가, 죄를 짓다가… 그때 우리는 어떻게 주님을 만날까.

문득 윤동주 시인의 ‘서시’가 생각난다.

‘죽는 날까지 하늘을 우러러 한점 부끄럼이 없기를

잎새에 이는 바람에도 나는 괴로워했다’

버릴수록 행복해진다?

부처님으로 인해 덕을 보는(?) 공휴일인 석가탄신일, 한평생 붓글씨를 써 오신 이화자 권사님이 개인전을 시작하셨다. 오랜만에 아내와 아이들을 데리고 개인전이 열리고 있는 세종문화회관을 찾았다.

전시회장에 도착해 다양한 글씨체들을 둘러보며 우리 글씨가 참으로 아름답다고 생각했다. 그 중에서도 한동안 나의 발걸음을 붙잡아둔 것은 멋스러운 흘림체로 써내려간 찬송가 147장이었다.

'주 달려 죽은 십자가 / 우리가 생각 할 때에/ 세상에 속한 욕심을/ 헛된 줄 알고 버리네'

작품을 보면서 많은 생각이 스쳐 지나갔다.

나이가 먹을수록 마음이 넓어져 세상을 품어야 하는데, 이상하게도 늘어나는 것이 세상에 속한 욕심인 것 같다. 시간이 갈수록 예수를 믿는 믿음과 은혜가 더욱 깊어가야 하는데 왠지 주님을 위해 더 깊이 헌신하지 못하는 것 같다. 철없고 아직은 아무런 능력이 없는 텅빈 주머니의 주인이었을 때는 '나 가진 모든 것 아낌 없이 주님께 다 드리리다' 하고 고백하며 눈물을 흘리다가도, 시간이 지나고 조금씩 주머니가 채워지고 지위도 높아져가면 자신도 모르게 '할 수 있는 한 주님께 드립니다' 로 바뀌게 된다. 그러다가 더 나아가면 "주여! 마음은 원이로되 여건이 허락하지 않습니다. 용서하옵소서" 로 바뀌어버리는 것이다.

집으로 돌아오는 길, 늘 아침 저녁으로 지나치는 서울 분당간 도로 곁 능인선원(불교사찰) 앞은 형형색색의 크고 작은 연등을 든 불교신도들로 무척 붐비고 있었다. 등마다 김 아무개, 박 아무개, 최 아무개… 큼직한 이름이 쓰여져 있었다. 석가는 모두 버리는 것을 선으로 알고 보리수 나무 아래에서 도를 깨우치다 세상을 떠났는데, 그를 따르는 중생들은 더 많은 것을 소유하기 위해 자기의 이름으로 등을 다는 모습이 아이러니하게 느껴졌다.

그리스도인으로서의 나는 어떠한가. 예수님이 지신 십자가는 헛된 욕심을 버리는 것으로부터 비롯된 것인데, 주님을 따르는 나의 모습은 조금이라도 더 가지려고 하는 나약한 인간의 모습이 아닌가. 마음 한구석에 몰려오는 세미한 음성이 들리는 듯 하다.

'행복하게 세상을 살아가는 비결은 세상에 속한 욕심을 버리는 것이다.'

집이 좁게 보이는 이유

내가 지금 살고 있는 집은 15평이다. 영국에서 처음 귀국하여서는 거처 없이 두 달여 남짓을 떠돌았다. 그러다 사택에 짐을 풀게 된 날, 공간의 넓이와 상관없이 얼마나 기쁘고 감사했는지 모른다.

그러나 2년 남짓 살면서 하나 둘 살림살이가 늘어나고, 두 아이가 점점 성장해가니 집이 좁다는 생각이 들기 시작했다. 가끔씩 아내도 "제자훈련을 받으면 집을 오픈해야 하는 차례가 돌아오는데 다 앉을 공간이 없어서…" 하며 좀더 넓은 집에 살았으면 하는 속내를 비치곤 했다. 그때마다 목사의 최고의 무기(?), 아니 유일한 소망인 카드를 꺼내든다.

"여보! 하나님의 은혜가 필요하오. 같이 기도합시다."

그러나 내 마음속에도 조금씩 넓은 집에 대한 욕심이 고개를 들기 시작하고 있었다.

그러던 얼마 전 공휴일, 오랜만에 집안 대청소를 하겠다고 자원했다. 쓸고, 닦고, 짐을 정리하고…. 그러면서 문득 든 생각이 '집이 좁은 것이 아니라 우리가 가진 것이 너무 많구나. 침대와 책상, 구석구석 이리 저리 놓여 있는 살림살이들, 거기다가 얼마 전 들여온 소파까지… 이런 것들이 없으면 우리도 넓게 살 수 있을텐데….' 라는 생각이었다.

청소를 하다가 옆에 있던 아내에게 내 생각을 말했다.

"여보, 우리 가진 것이 너무 많은 것 같소. 알고 보니 그래서 집이 좁아 보였던 것 같소…."

구석구석의 먼지를 쓸어내며 인생을 생각한다. 우리 인생이 늘 갈증을 느끼는 이유는 우리의 마음에 너무나 많은 것들이 들어 차 있어서 늘 더 많은 공간이 필요하다고 느끼기 때문이리라. 공간을 넓히면 어느새 이런 저런 것들로 차 버려서 또다시 공간이 필요해지는 우리의 집처럼….

왜 나를 현재 이곳에 있게 하셨는지

하버드 법대를 졸업하고 최고 연봉을 받는 변호사로 널리 알려진 사무엘 에릭슨(Samuel Ericson)은 어느 날 갑자기 자신의 직업을 집어던지고 법조인 선교에 뛰어들었다. 방광암으로 일곱 번이나 수술을 받고, 최근 여덟 번째 수술을 받은 그는 암 수술을 받은 지 며칠 되지 않은 몸으로, 한국 기독법률가 창립대회에 초청을 받았다.

'과연 올까? 아무리 헌신된 선교사라 하더라도 어려울 것이다….'

많은 이들은 이렇게 생각했다. 그러나 사무엘은 그 예상을 뒤엎고 대회 이틀 전 한국으로 가는 비행기에 몸을 싣는다는 연락을 보내왔다. 미국에서 한국까지 열 시간이 넘는 장거리 비행. 모두 염려했지만 그는 웃는 모습으로 창립대회장에 나타났다.

한국 기독법률가 창립대회 때 그는 이렇게 도전했다.

"당신의 삶이 앞으로 6개월 남았다면 여러분의 삶이 어떻게 바뀔까요?"

이후에 가진 몽고 법률가 대회를 준비하는 개인적인 모임에서 몇 번이고 그는 이렇게 말했다.

"나는 언제든지 주님께로 갈 준비가 되어 있습니다. 나는 나의 인생에 최선을 다했다고 그 분께 말씀드릴 수 있습니다. 지금 그분께 간다 해도…."

너무도 확신에 찬 모습이었다.

사무엘이 선교에 헌신할 당시 그에게는 대학에 다니는 세 자녀가 있었다고 한다. 그 중요한 시기에 그는 모든 사람이 부러워하는 '좋은 법률회사의 고액 연봉자' 자리를 아낌없이 내던지고 주님께서 보여 주신 '법률선교의 비전' 을 선택한 것이다.

현재도 그는 언제든 암의 고통으로 쓰러질 수 있는 위험을 안고, 사재를 털어 각 나라를 돌며 그가 뿌린 믿음의 씨앗들이 열매맺는 은혜를 맛보고 있다. 그의 부인은 남편의 퇴직 후 빵을 구워 팔며 사역을 지원하고 있다고 한다. 참으로 아름다운 부부의 모습이다.

문득 나 자신에게 질문을 던져본다. 하나님이 모든 것을 접고 아프리카 오지로 떠나 이름도 빛도 없이 썩어지라 말씀하시면 나는 과연 미련없이 떠날 수 있을 것인가.

하나님이 내게 주신 은사는 무엇일까. 부족한 나를 일반대학에서 신학대학원을 가게 하시고, 외국에서 오랜 시간 동안 공부하게 하신 뒤 사랑의 교회로 인도하신 하나님의 뜻이 무엇인지, 현재의 위치에서 주님이 나를 향해 원하시는 것이 무엇인지 깊이 생각해본다.

그 시간 속에서 가지지 못한 것들에 대한 미련 때문에 안타까워하고 괴로워하기보다는, 이미 주신 것들을 가지고 주님을 위해 어떻게 사용할 수 있을까 고민해보게 된다.

시골교회 목사와 사모 이야기

벌써 30여 년이 다 되어가는 것 같다. 내가 까까머리 중학생이었던 시절, 한 전도사님 부부가 시골교회로 부임해 오셨다. 크지 않은 키에 허스키한 목소리의 전도사님, 그리고 시골에서 보기 힘든 예쁜 얼굴을 가진 서울 말씨의 사모님이셨다.

지금 생각하면 내가 다니던 시골교회는 교역자들의 생활도 제대로 뒷받침할 수 없었던 소위 미자립교회였다. 너무 힘든 형편이라 목회자들은 길어야 1년, 보통은 6개월만 겨우 채우고 어디론가 떠나가셨고, 때로 주말에만 돌보는 교역자가 교회를 지켰던 적도 있었다. 그나마 교역자가 없었던 시기도 있어, 주일이면 연세가 지긋하신 장로님이 예배를 인도하곤 하셨다.

초가집 사택에서 막 벗어나려고 조그마한 슬레이트 집을 짓고 있었던 시절, 시골교회를 찾아와서 오랫동안 떠나지 않고 교회를 일으키셨던 그 전도사님(지금은 목사님)의 사모님과 오랜만에 통화를 하게 되었다. 그 당시 막 태어났던 아이가 자라 벌써 군대도 다녀오고 곧 대학을 졸업한다고 했다.

"사모님, 언제 졸업식을 합니까?"

"내일이에요."

"그래요? 그러시면 서울 올라 오셔야겠네요."

"아니에요. 안 가기로 했어요."

"아니, 왜요? 오셔야지요!"

"오늘 밤에 철야예배가 있고, 내일 새벽기도가 있고, 토요일이라 주일 준비해야지요. 그리고 아들도 오지 말라고 해요. 교회 선배들, 친구들이 많이 온다고요. 그런데 사실 마음은 좀 짠하지요. 사실 입학식 때도 못 갔거든요. 그렇지만 괜찮아요. 목사님도 아시다시피 하나님이 최우선이잖아요. 자식이야 하나님이 공부시켰고, 앞으로도 인도하실 거니까요. 목사님! 우리는 항상 하나님을 최우선으로 살아야 하잖아요. 아들도 그러데요. 엄마! 하나님께 맡겼으면 완전히 맡기라고요. 주일 준비로 바쁘실텐데 오지 말라고요. 주일예배 준비가 우선이 아니냐구요."

졸업식 날이 토요일이라는 이유 하나만으로, 주일 준비에 소홀히 할 수 없다는 주님을 향한 그 마음 하나로, 일생에 한 번밖에 없는 아들의 대학 졸업식을 포기하는 시골교회 목사와 사모. 참으로 마음 깊은 곳에 또 한 번 감동이 밀려왔다.

입학은 그렇다 치더라도 시골교회일에 치여 제대로 뒷바라지도 못해준 아들이 번듯하게 자라 대학공부를 마치는 날, 어느 부모가 그 자랑스런 자식의 졸업식에 가보고 싶지 않으랴.

목사라 해도 자신의 살 길을 생각하고, 이리저리 몸을 사리는 것이 흔해진 시대다. 자식을 좀 더 출세시키려 하고, 은근히 남 앞에 자식을 자랑하고픈 시대다.

이 혼탁한 시대에 한 신앙 선배의 주님을 향한 일편단심의 모습이 가슴을 조용히 파고든다. 나는 과연 그런 목사 부모가 될 수 있을까. 주님 때문에, 사랑하는 성도들이 먹을 꼴을 준비하느라 자랑스런 자식의 한 번뿐인 졸업식 참석도 포기하는 목사가 될 수 있는지 조용히 자문해본다.

7

영국, 내 인생의 광야학교

찰떡과 물 한 병

여느 때와 같이 아침에 눈을 뜬 후 기도로 하루를 열었다. 오늘은 평소보다 더 간절한 기도가 나오는 날이다. 그동안 영국에서의 공부를 총결산하는 박사 논문 심사가 있기 때문이다. 샤워를 한 후 말씀을 묵상하고 마지막 정리를 시작했다. 논문심사 시간이 한 시간 한 시간 다가오고 있어 마음이 긴장되었지만, 주님을 생각하며, 기도해 주는 이들을 생각하며, 차분히 마음속에 예상 질문들과 대답들을 되새겨 보고 있었다.

그때 갑자기 대학원 사무실 행정담당이 나를 찾아와 물었다.

"혹시 미스터 김, 오늘 학교로 누굴 초청했습니까?"

설마 오늘같은 날 학교에 누굴 초청하다니. 내가 'No!' 라고 대답하자 그는 총총 걸음으로 대학 안내 데스크로 돌아갔다. 그러나 조금 있으니 그가 다시 와서는 분명히 누군가 왔다며 한국인인데 가족처럼 보인다며 나와보라는 것이었다. 누굴까? 아마 나의 이런 상황을 모르고 한국에서 누군가의 소개로 어떤 분이 불쑥 찾아온 것이리라 생각이 되었다. 함께 공부하는 선교사님께 부탁해 안내를 도와드리게 할 생각으로 서둘러 연구실을 나왔다.

모퉁이를 돌아서려는데 하마터면 뒤로 넘어질 뻔했다. 그곳에 죽 늘어서 있는 낯익은 사람들은 다름 아닌 교회 식구들이었다. 모두 조금씩 긴장된 모습들이었다.

"목사님 응원해 드리려고요! 새벽기도 마치고 이렇게 왔어요! 목사님, 힘내세요. 저희가 기도하고 갈게요."

문 앞에 둘러선 형제 자매들은 작은 소리로 간절하게 기도를 올리기 시작했다. 기도를 받는 나의 가슴이 뜨거워지면서 기도 가운데 하나님의 음성이 들리는 듯했다.

「오늘 내가 너와 같이 하리라!」

기도 후 그들이 내민 것은 찰떡과 작은 물 한 병. 목이 메어 아무런 말도 할 수가 없었다.

캠퍼스를 빠져 나가는 그들을 뒤로 하고 연구실로 들어오면서 얼떨결에 같이 있던 선교사님의 부러운 눈길과 나를 향한 하나님의 뜨거운 사랑에 온몸이 화끈거렸다. 나는 참 행복한 목사구나! 다시 한번 하나님을 향한 감사가 가슴 깊은 곳에서부터 솟아올랐다. 하나님은 형제 자매들의 기도에 응답하셨고, 그렇게 시작한 논문 심사는 전적인 하나님의 은혜로 무사히 마칠 수 있었다.

문득 지난 금요 기도회 때 같이 불렀던 찬송이 생각났다. "나의 사랑, 나의 사랑, 어여쁜 자야, 일어나 함께 가자."

그래, 저 사랑스런 양떼들과 일어나 주님을 위해 함께 걸어가리라. 나의 모든 것 드려 주님을 높이리라. 새로운 마음의 결단과 내 인생의 큰 결실을 동시에 주신 하나님은 참으로 멋진 분이시다.

주여, 이 비를 막아주소서

영국에서의 어느 가을, 나는 이튿날의 야외예배를 준비하고 있었다.

주일 저녁 말씀 준비를 마치고 집으로 갈 때 빗방울이 떨어지기 시작했다. 어라, 내일 아침이면 야외예배를 가야 하는데. 다른 방도가 없었다. 이틀 전에 일기예보에서 흘러나오는 호우주의보를 따라 영국학생 체육대회가 취소되었던 터라 마음이 더 무거웠다.

일기예보에 귀를 기울이면 마음이 더 무겁고 혼란스러울 것 같아 일기예보는 더 이상 보지 않기로 했다. 대신 잠자리에 들기 전, 딸아이와 함께 내일 비가 내리지 않게 해달라고 간절히 기도를 올렸다.

그러나 이른 아침 새벽기도를 가기 위해 집을 나섰을 때도 차가운 새벽 공기를 가르며 빗줄기는 계속되고 있었다. 아마 도 밤새도록 비가 내린 모양이었다. 그 비가 얼마나 서운하게 느껴지던지.

새벽기도 시간, 천장에서 세차게 떨어지는 빗방울 소리를 들으며 하나님께 이 비를 막아 달라고 막무가내로 매달렸다. 하지만 기도를 마치고 나와 바라본 하늘은 여전히 야속한 빗방울을 뿌리고 있었다. 나는 하나님께서 오늘 우리가 야외예배에 가길 원하지 않으시는지 여쭈어 보면서 끊임없이 마음속으로 기도만 올릴 뿐 속수무책이었다.

모이기로 한 시간이 10시였는데 9시에도 계속해서 비가 내리고 있었다. 결국 할 수 없이 한 시간 연기하면서 '믿음이 없는 건지? 아니면 지혜로운 대처인지?' 자문해 보았다.

한 시간 후 일단 모이기로 한 장소인 교회를 향해 밖으로 나왔을 때 거짓말같이 비가 멈췄다. 할렐루야! 여전히 찬 기운은 돌았지만 교회를 향해 가는 길에 태양이 비추기 시작했다. 교회에 도착했을 때는 완전히 날이 개어 눈부신 태양이 빛나고 있었다. 우리는 기쁜 마음으로 예배장소인 홀톤 컨츄리 파크(Horton Contray Park)로 향하기 시작했다.

홀톤 컨츄리 파크에 도착해 차에서 내리는데 갑자기 주위가 컴컴해지더니 소낙비가 억수같이 퍼부었다. 빗줄기가 얼마나 세찬지 차에서 나올 엄두도 못낼 정도였다. 역시 우리의 계획이 무모했던 것일까. 그순간 역시 할 수 있는 것은 기도뿐이었다.

"주님! 이 어찌된 일이지요?"

기도를 올리는 순간 왠일인지 담담한 마음이 되었다. 그리고 얼마

지나지 않아 시커멓던 하늘에서 구름이 밀려나기 시작했다. 이윽고 비가 멈추고 뜨거운 태양이 얼굴을 보였다. 태양은 우리가 모든 순서를 마치고 귀가하기까지 그 자리를 지켜 주었다.

우리는 모두 하나님을 찬양하며 예배를 드렸다. 진한 교제와 풍성한 나눔의 시간으로 인해 모두 기쁨의 환호성을 질렀다. 천지를 창조하신 하나님의 주권과 주님을 향한 우리의 믿음이 삶을 더욱 풍성하게 함을 체험한 기적의 하루, 믿음의 눈으로 하나님을 보는 사람만이 기적을 볼 수 있음을 깨달은 하루, 하나님의 은혜로 충만한 날이었다.

내 삶의 정원에는

영국 집들은 대개 정원을 가지고 있다. 기차나 전철을 타고 가다 보면 흔히 볼 수 있는 것이 영국 집의 정원이다. 그런데 이런 정원들은 그냥 걸어 다녀서는 좀처럼 보기 어려운 면이 있다. 정원이 집 앞마당에 나와 있는 한국과는 달리 영국은 집 뒤에 정원이 딸려 있기 때문이다. 아마도 정원이 앞에 있으면 조용하고 은밀하게 개인의 사생활을 추구하고자 하는 그들의 문화를 방해받을 지도 모른다는 데서 비롯된 것이 아닌가 싶다.

기차를 타고 가면서 창밖으로 펼쳐지는 아름다운 영국의 정원들을 살펴보는 것은 참으로 흥미로운 일이다. 집집마다의 개성을 비교해보는 것도 큰 재미 중의 하나다. 잔디를 깔끔하게 깎아 예쁜 꽃과 나무를 심어놓은 집, 아이들을 위해 고운 빛깔의 놀이 시설을 만들어

놓은 집, 반듯한 빨랫줄을 만들어 햇빛이 날 때마다 부지런히 빨래를 널어 말리는 집… 그러나 때때로 어떤 정원들은 무성하게 제 멋대로 자란 잔디며, 지저분하게 널려 있는 쓰레기 봉지들 때문에 마치 사람이 살지 않는 듯한 흉물스러움을 보이기도 한다.

그 모습을 보면서 문득 우리의 '삶의 정원' 을 생각해보았다. 나의 '마음의 정원' 에는 어떤 꽃이 피어 있을까. 시기와 질투, 욕심으로 가득 찬 가시덩굴이 무성한가? 아니면 정하고 부드러운 마음, 평안한 마음, 청결한 마음, 그리스도 예수와 같은 마음, 하나님께 감동된 마음, 넓은 마음으로 주의 계명을 지키는 꽃들이 피어 있는가?

비록 겉으로 잘 드러나지 않지만 이제부터라도 주님이 내게 허락하신 귀한 '삶의 정원' 을 더 아름답게 가꾸어 보리라 다짐해본다. 아직 청소가 덜 된 나의 '마음의 정원' 과 '삶의 부분들' 을 돌아보는 일에도 좀더 부지런을 떨어야겠다.

기차 안에서 바라본 수많은 정원들을 통해 그들의 삶을 엿볼수 있듯이, 주님이 천국의 열차를 타고 지나가실 때 바라보실 '내 삶의 정원' 이 아름답게 비춰질 수 있도록 기도해본다.

신앙은 모험의 연속이다

영국에서 공부할 때 점심을 먹고 종종 연구실 근처를 산책하곤 했다. 그때 산책로로 자주 찾곤 하던 곳이 학교 한켠의 아늑한 정원이었는데 어느 날 보니 그곳에 새로운 길이 하나 생겨 있었다. 아직 채 공사가 끝나지 않아 보였지만 산책도 할 겸, 호기심으로 그 작은 길은 따라가보기로 했다. 길은 내가 늘 다니던 쪽이 아닌 의외의 방향으로 나 있었다.

길을 통과하자 처음 보는 아름다운 정원이 나타났다. 크고 아름다운 집들과 또 다른 작은 길들도 보였다. 바닥에는 부드러운 나무껍질을 깔아놓아 아이들이 넘어져도 다치지 않을 것 같았고, 나무그네로 만든 예쁜 벤치도 놓여 있었다. 울타리 하나를 사이에 두고 이렇게 멋진 곳이 있었다니, 내가 문득 우물안 개구리처럼 느껴졌다. 학교

울타리 안에서 사시사철 푸른 운동장과 아름다운 나무들만 보며 만족했던 자신이 작아 보이기까지 했다.

문득 지나간 시간들의 감격이 되살아났다. 영국 스코틀랜드 아버딘 대학에서 공부할 때 토요일이면 빵과 음료수, 과일을 배낭에 넣고 런던으로 향하는 기차를 타곤 했다. 사랑하는 아내와 교회 식구들이 있는 런던을 향해서다. 그때 늘 마음속에서 일어났던 갈등은 '창 밖으로 펼쳐지는 아름다운 스코틀랜드의 자연을 바라보는 것' 과 손에 들려 있는 '온갖 지식들로 가득 찬 전공 서적을 읽는 것' 사이의 선택 문제였다. 물론 피치 못할 때를 제외하고는 늘 스코틀랜드의 아름다움이 이기곤 했었다.

처음부터 아버딘 대학에서 공부를 하기로 쉽게 결정한 것은 아니었다. 모든 사람이 말렸다. '어찌 런던에서 스코틀랜드인 아버딘까지(부산-신의주 거리) 통학한단 말이오. 그것도 매주 ….' 그러나 한 번 도전해 보고 싶었다. 이것이 나에게 주어진 최선이요, 하나님의 뜻을 이루기 위한 길이라면 도전해 보리라. 그 결과 내 인생에 참으로 값진 것들을 얻을 수 있었다. 학문으로, 인생의 의미로, 그리고 좋은 만남에 이르기까지….

모든 사람들은 자신이 처한 울타리 안에서 그저 안주하기를 원한다. 아무리 좋은 세계가 있어도 그것을 또 다른 모험으로 여기고 자칫 다가올지도 모르는 어려움 때문에 쉽게 주저앉아 버리곤 한다. 그런 사람들은 결코 더 넓은 세계를 경험하지 못하고, 누리지도 못한다.

신앙생활도 마찬가지라고 생각한다. 더 깊고 넓은 주님의 은혜가 있고, 더 큰 주님의 사랑이 있으며, 주님으로 인한 더 큰 행복이 있는데 많은 사람들은 스스로를 제한한다. '여기까지만, 이만큼만….'

신앙생활은 내 생각의 울타리를 벗어나는 것이다. 나의 한계라고 생각되는 울타리, 때로 무모하다고 느껴지는 울타리도 그것이 주님을 위한 것이라는 분명한 확신과 믿음이 있다면 과감하게 떨쳐버리고 일어서는 것, 그것이야말로 이 시대를 사는 그리스도인이 가져야 할 마음의 태도가 아닐까.

알고 가는 길

살다 보면 가끔은 가기 싫은 길이 있다. 알고 가는 길이다. 차라리 모르면 모르고 간다지만 알고 보면 참으로 가기 힘든 길이 있다. 행복의 길이요, 영광의 길이라면 누구나 먼저 가고 싶어하지만 그 길이 고통의 길이요, 고난의 길인 경우가 그러하다.

그러나 그 고난과 고통의 길을 알고 간 분이 있다. 바로 예수 그리스도다. 예수님은 인류의 죄악을 담당하기 위해 십자가를 져야 할 때가 다가옴을 아시고 예루살렘을 향하여 올라가시기로 굳게 결심하셨다. 뿐만 아니라 로마병정에게 잡히시던 그날 밤엔 겟세마네 동산에서 당할 십자가의 수치와 고통을 아셨기에 땀이 땅에 떨어지는 핏방울같이 되도록 간절히 기도하셨다. 그리고 그 길을 순종함으로 걸어가셨다.

그 길을 알고 걸어간 사람이 또 하나 있다. 사도 바울이다. 다메섹에서 예수님을 만난 바울은 복음을 위하여 예루살렘으로 가야 했다. 그가 가려고 하는 그 길은 목숨을 잃을 수도 있는 길이었다. 많은 사람들은 그를 눈물로 말렸다. 그때 사도 바울은 "나는 주 예수의 이름을 위하여 결박 받을 뿐 아니라 예루살렘에서 죽을 것도 각오하였노라. 나의 달려갈 길을 다 가고 주의 복음을 위해서라면 나의 목숨을 조금도 아끼지 아니하노라" 는 고백과 함께 그 길을 선택해 걸었다.

고통의 길을 알고도 걸어간 예수 그리스도의 십자가 고난으로 인해 인류는 죄에서 해방되어 참된 자유를 누리게 되었다. 그리고 사도 바울의 눈물의 결단으로 많은 사람들이 주의 복음을 듣고 영원한 생명을 얻게 되었다.

오늘날 우리 그리스도인들도 예외는 아니다. 우리는 주님을 따르는 것이 때로 남들이 알아 주지 않는 외로운 길이요, 나의 것을 포기해야 하는 어려운 길이요, 뒤를 돌아보지 말아야 하는 힘든 길이라는 것임을 알고 있다. 그 갈림길에서 우리는 어떻게 해야 하는 것일까. 힘든 길임을 알기에, 그 길을 등지고 우리의 길을 가야 할까? 알면서도 주님의 가신 그 길을 감사함으로 걸어가야 할까?

영광의 길을 걷기 전에 우리는 예수님처럼, 바울처럼 고난의 길을 선택할 필요가 있다. 알고 가는 길이기에 오히려 더 행복한 길일 수 있다. 알고 가는 길이기에 더 큰 하나님의 위로를 받을 수 있다. 알고 가는 길이기에 더 큰 기쁨이 있을 수 있다. 알고 가는 길이기에 우린 우리의 순수한 마음을 주님께 보여줄 수 있다. 주님은 눈물이 있는 길인지 알면서도 감사함으로 주님을 따르는 길을 선택한 사람에게 영광과 생명의 아름다운 면류관을 준비해 놓으셨다.

멋진 예배당, 복음에 관심 없는 사람들

처칠을 비롯한 많은 영국의 수상을 배출했으며, 약 600년의 역사를 자랑하는 이튼 학교(Eton College)를 방문한 적이 있다. 학교 입구에 놓여 있는 안내서에는 이튼 칼리지가 세워진 1년 뒤에야 영국의 명문 캠브리지 대학의 킹스 칼리지(King' s college)가 세워졌음을 밝히며 학교의 긴 역사와 전통에 대한 자부심을 감추지 않고 있다.

학교 맨 앞에는 예배당이 있었는데 벽에 걸린 아름다운 성화들, 웅장한 오르간의 백파이프와 성가대석, 청중석 등 모든 것이 너무도 웅장하고 아름다웠다. 지금도 이튼 학교에서 공부하는 학생들은 학교의 전통을 자랑하는 중후한 멋이 풍기는 교복을 입고, 정규 채플시간이 되면 이곳에 와서 예배를 드린다고 한다. 이런 훌륭한 예배당에서 예배드리며 하나님을 만났던 수많은 젊은이들이 각계각층으로 들어가 역사를 움직이고 영국 기독교의 역사를 이어갔구나 생각하니 참으로 부러운 신앙환경이라는 생각이 들었다.

그러나 겉모습이 모든 것을 결정하는 것은 아니다. 이튼 학교에서 공부한 찰스 황태자의 두 아들만 봐도 그 형식과 내용이 반드시 일치하는 것은 아니라는 것을 알 수 있다.

언론을 통해 보도된 바에 따르면 큰 아들 윌리엄(William)은 성(sex)에 대한 개방적인 사고로 여자친구와의 관계가 문제이고, 둘째 아들 해리(Harry)는 몇 번이나 음주와 마약류에 가까운 흡연으로 곤욕을 치르고 있다. 이튼 학교에서 만난 몇몇 학생들도 '멋진 예배당이기는 하지만 정규적으로 드리는 학교 예배는 의무라서 할 수 없이 참석한다' 는 푸념을 늘어놓았다. 그들은 말씀과 복음에는 전혀 관심이 없는 듯이 보였다.

멋진 예배당이 반드시 멋진 그리스도인을 배출해 내는 것은 아닐 것이다. 예수 그리스도라는 알맹이가 빠진 역사와 전통, 그분과의 진정한 만남이 없는 신앙이 무슨 소용이 있겠는가. 오히려 지하 동굴 카타콤에서 주님을 찬양했던 이들은, 가진 것은 없지만 주님을 사랑하는 뜨거운 마음이 있는 사람들이었다.

만리장성이 어느 날 갑자기 나타난 것이 아니듯 신앙의 역사도 서서히 만들어지는 것이다. 우리의 신앙도 그저 수많은 무리 속에 휩쓸려가다 보면 저절로 세워진다는 생각은 금물이다. 주님과의 깊은 교제와 호흡이 없는 한, 결코 삶의 진정한 변화는 일어날 수 없기 때문이다.

기적은 지금도 일어난다

이른 새벽, 둘째아이 출산을 위해 오시는 장모님을 마중하러 런던 외곽에 있는 히드로(Heathrow) 공항에 나갔다. 장모님과는 반갑게 만났지만 한 가지 문제가 생겼다. 중요한 짐 꾸러미를 잃어버리게 된 것이다. 손주 생각하랴, 출산을 앞둔 딸 생각하랴, 사위 생각하랴 하나 둘씩 챙긴 짐이 너무 무거워 한국의 공항에서 만난 한 젊은 학생에게 그 가방을 부탁하신 모양인데, 출발은 같은 비행기로 했으되 중간 기착지인 홍콩에서 서로 다른 비행기를 타게 되어 히드로 공항에 도착해 보니 서로 만날 방법이 없어져버린 것이었다.

짐 꾸러미에 담긴 사연을 간단히 듣고 얼른 안내 데스크로 가서 확인해 보니 역시나 그 형제가 내린 공항은 다른 터미널이었다. 장모님은 당연히 공항에서 다시 만날 수 있을 줄 알고 그 젊은이에 대해 아무런 정보도 알아두지 않으셨고 겨우 떠올린 것이 희미한 얼굴 모습뿐이었다.

다윗의 기도가 생각났다.

'나의 영혼이 잠잠히 주님만 바람이여…
눈을 들어 산을 보니 나의 도움이 어디서 올꼬.
천지를 지으신 여호와 하나님에게서로다.'

다른 방법이 없었다. 이름도 성도 모르는 그 젊은이를 찾기 위해 일단 다른 터미널로 가보았지만 역시 역부족이었다. 그 형제에 대한 정보를 가진 것이 아무것도 없었기 때문에 문의할 때마다 공항직원들은 고개를 저었다.

"사람을 찾는데 방송 좀 해주세요."

"이름이 무엇이죠?"

"죄송하지만 이름은 모릅니다."

"그러면 어떻게 방송을 합니까?"

"무조건 한국 남자라고 해주세요. 그것이 제가 아는 전부인데요…"

직원은 웃으며 말했다.

"모든 한국 남자를 찾습니까?"

"아니요 한 사람만요."

이렇게 대화하다보니 내 자신도 터무니없는 일이라는 생각이 들어 결국 돌아설 수 밖에 없었다.

"주여! 어찌 합니까? 그 가방 안에 중요한 물건이 많이 들어 있는데…."

돌아오면서도 짐을 찾는 여러 가지 방법들을 생각해 보았다. 생각 끝에 집에 도착하자마자 서울 공항에 배웅나왔던 처제에게 전화를 했다. 처제 역시 아는 것이라고는 '본머스로 가는 학생' 이라는 것뿐이었다.

'주님 어떻게 하지요?'

그때 갑자기 번뜩 본머스 교회가 생각났다. 일단 본머스 교회의 목사님께 본머스에 영어학교가 몇 개 있는지부터 물어 보자. 한 두 개 정도면 가능하다. 그러나 이런 나의 희망은 곧 사라지고 말았다.

본머스 교회로 전화를 걸어 물어보니 본머스에는 영어 학교가 약 40여 개나 된다는 것이었다. 더구나 신상에 관한 아무런 정보가 없는 한 그곳에서 한국 학생 찾기는 서울에서 김 서방 찾기나 다름없다고도 했다. 그리고 통화 끝에 유학생들을 잘 아는 한 사람을 아는데 혹시 한 번 물어보겠다고 했다. 기도 외에는 다른 방법이 없었다. 기도하는 마음으로 주일을 보내고 월요일 아침을 맞았다.

"주여, 찾게 하여 주옵소서!"

그렇게 기도하던 중 전화벨이 울렸다. 토요일에 잠시 통화했던 본머스 교회의 청년이 그 '주인공' 을 찾았다고 했다. 믿기지 않는 이야기였다. 열심히 기도했지만 이렇게 빨리 기도에 응답이 올 줄이야.

그렇게 해서 우리 가족 모두는 늘 말로만 듣던 아름다운 본머스의 해변을 여행할 횡재를 누렸다. 넓은 바다를 바라보며 해변가의 조그마한 기차도 타고, 아름다운 야외에서 닭다리도 뜯으면서 즐거운 시간을 보냈다. 잃어버린 짐 꾸러미를 찾게 된 것은 물론.

돌아오는 길에 언제나 우리의 기도를 들으시는 무한하신 하나님의 사랑이 가슴 가득히 밀려왔다. 아마 하나님은 우리로 하여금 본머스의 아름다운 해변과 넓은 바다를 보여 주고 싶으셨던 것이 아니었을까. 아니면 태어날 '평강' 이가 바다 같이 넓은 마음을 가진 아이로 자라길 바라신 걸까. 아직 정확한 답은 찾지 못했지만 분명한 것은 하나님은 우리 가족과 어리석고 부족한 나를 무척 사랑하신다는 고마운 믿음이다.

마지막 시험

침묵과 보이지 않는 고뇌, 내일의 꿈과 소망이 함께 공존하는 조용한 연구실에 갑자기 와- 하는 함성이 들렸다. 몇 년 동안 공부하던 루마니아 친구가 마침내 신약의 로마서 연구 논문을 제출하고, 박사학위 마지막 관문인 구두시험을 통과했다는 소식이 들렸기 때문이다. 구두시험은 그 분야의 최고 권위가 있는 외부 시험관과 내부 시험관 두 분의 교수가 두 시간 가량 진행하게 되는데, 이날은 웬만해서는 양복을 입지 않는 친구들도 말끔한 양복차림으로 나타나 시험의 무게를 짐작케 하곤 한다.

오늘의 주인공은 함께 방을 사용했던 '소린(Sorin)' 이라는 친구다. 연구실의 모든 학생들이 막 구두시험을 통과하고 난 그를 둘러싸고 축하와 함께 질문 공세를 폈다. 시험에 들어가기 전의 마음은 어떠했는지, 날카로운 질문을 던져올 때는 어떻게 대응했는지… 장시간 인터뷰로 충혈된 눈, 상기된 볼, 아직 믿기지 않는다는 듯한 표정, 그의 목소리는 상기되어 있었지만 참 보기 좋은 모습이었다.

다른 친구들 역시 부러움과 존경의 눈빛으로 소린을 바라보았다. 연구실에 있는 친구 모두 소린이 바로 이 순간을 위해 영광스러운 소망의 부담을 안고 주야로 땀과 고뇌, 보이지 않는 좌절을 거듭하며 걸어왔음을 말하지 않아도 다 알고 있다. 바로 자신의 이야기이기 때문이다.

우리의 인생도 마찬가지다. 우리도 이 땅에서 시간을 다하고 나면 하나님 앞에 서서 구두시험을 보게 될 날을 맞을 것이다. 이미 우리의 믿음, 신앙, 삶이라는 논문은 제출된 상태다. 하나님의 불꽃같은 눈앞에서 어떤 평가를 받게 될는지…. 이 땅에 사는 동안 주님을 만날 준비를 얼만큼 충실히 했는지, 주님을 따르기 위해, 복음을 위해 얼마만큼 거룩한 부담을 가지고 살았는지, 주님 때문에 당하는 어려움들을 인내하며, 때로 눈물 가운데서도 소망을 잃지 않고 살아왔는지…. 이 모든 것이 주님 앞에서 확연히 드러날 것이다.

한동안의 축제 분위기가 가라앉자 연구실의 동료들은 모두 제각각 자신만의 작업 현장인 책상으로 돌아갔다.

'소린' 을 생각하며 다시 한번 나를 돌아보게 된다. 목사로서 주님 앞에 섰을 때 나는 어떤 평가를 받게 될까. 우리 교회 성도들에게서 어떤 평가를 받게 될까.

눈물을 흘리며 씨를 뿌리는 자는 기쁨으로 단을 거두리라는 말씀 앞에서 조용히 머리 숙여 기도하고 싶어지는 밤이다.

"주어진 시간들 속에서 주님의 복음을 위해 성실하게, 충실한 씨를 뿌리는 삶을 살아가게 하옵소서."

떠남은 또 다른 시작이다

런던 바이블 칼리지(London Bible College)에서 5년이란 긴 기간의 학업을 마치며 학교 연구실의 짐들을 정리하던 날이었다. 차에다 모든 짐을 싣고 떠나기 전 마지막으로 연구실에 들어가 기도하기 위해 텅 빈 책상에 앉았다. 그때 눈에 띈 것이 책상머리에 '김대조(Dae Jo KIM)' 라고 쓰여 있는 이름표였다.

'아, 이것은 떼지 않았구나.'

조용히 눈을 감고 감사의 기도를 드렸다. 순간적으로 지난 몇 년간의 추억들이 주마등처럼 스쳐 지나갔다. 밤을 지새며 홀로 고독하게 씨름했던 학문의 현장들, 보이지 않는 한계에 부딪칠 때마다 눈물로 하나님의 도움을 구했던 순간들, 기도로 주님을 만났던 채플실, 하나님의 은혜로 어려운 관문들을 통과했던 순간들, 사랑하는 동료들과의 진지한 학문적인 토론과 따뜻한 교제를 나누었던 시간들, 책상에 앉아 창문을 통해 바라보던 하늘, 넓은 잔디와 수목 그리고 즐겨 앉았던 나무 밑의 벤치, 처음으로 시작했던 테니스와 정든 코트, 나의 눈물과 한숨, 희열의 숨결이 고스란히 담겨져 있는 도서관의 구석구석, 교수님 방들, 구내 책방(Book Shop)….

가끔이지만 공부를 마치고 떠나기 위해 짐을 싣던 동료들을 부러워하던 생각이 났다.

'나도 저렇게 공부를 마치고 짐을 정리할 날이 올까, 하나님의 은혜로만 그날이 올 수 있겠지.'

속으로 '주여, 은혜를 베푸소서!' 를 외치며 기도하던 순간들이 떠오른다. 그리고 신실하신 하나님은 부족한 자의 기도에 응답하사 오늘이 있게 하셨다.

감사한 마음과 함께 왠지 모를 아쉬움이 물밀듯이 밀려왔다. 기도를 올리고 이름표를 떼어 주머니에 넣었다. 내 이름을 떼어낸 자리에 또 다른 누군가가 그의 이름을 붙이고 학문과의 고독한 경주를 시작할 것이다. 주님과의 깊은 교제를 시작할 것이다. 그리고 그 역시도 이곳을 떠날 순간을 맞게 될 것이다.

이제 새로운 시작이다. 지금까지 안전한 항구에 서 있었다면 이제는 거친 바다를 향해 돛을 달고 떠나갈 일만 남은 것이다. 지금이야말로 주님만을 더 깊이 신뢰할 때임을 느낀다. 어떤 위험이 도사리고 있을지 모르는 넓은 세상을 향해 나는 오늘도 주님의 복음을 들고 길을 나선다.

8

힘들 때는 선두에 서라

처음이자 마지막 체벌

'처음이자 마지막이 되어버린 체벌' 이라는 한 칼럼을 읽었다. 이른 새벽 강원도 산골 호롱불 밑에서 〈어깨동무〉라는 어린이 잡지를 읽고 있을 때, 아버지의 꾸지람에 자기도 모르게 말대꾸를 하다 아버지가 들고 있던 부채로 툭 맞은 것이 결국 아들의 두 다리에 감각을 잃게 했다. 순간의 불운으로 평생 장애를 안고 살아야 했던 아들, 본의 아닌 실수로 아들에게 죄인이 되어 살아야 했던 아버지. 처음이자 마지막이 되어 버린 아버지의 체벌로 인해 아버지와 아들 사이는 풀지못할 갈등과 원망이 늘 감돌고 있었다.

게다가 신체장애의 이유로 고등학교와 대학교 입학을 거절당하면서 아버지와의 골은 더 깊어 갔고 자식과 아버지는 서로 보이지 않는 곳에서 눈물을 삼켜야 했다. 대학 입학조차 뜻하지 않는 장벽에 부딪히자 지푸라기라도 잡는 심정으로 펼친 성경 안에서 그 아들은 주님을 만났다.

"하나님을 알되 하나님을 영화롭게도 아니하며 감사치도 아니하고 오히려 그 생각이 허망하여지며 미련한 마음이 어두워졌나니 스스로 지혜 있다 하나 우둔하게 되어 썩어지지 아니하는 하나님의 영광을 썩어질 사람과 금수와 버러지 형상의 우상으로 바꾸었느니라" (롬1:21).

그 일로 인해 그 아버지도 30년 가까이 몸담았던 군대를 예편하며 하나님을 만났다고 한다. 하나님께서는 그 아버지를 하나님 나라의 장군인 장로로 세우셨다. 아들은 이렇게 고백했다.

"이제 우리 부자에게 불구라는 상처는 오히려 하나님의 섭리와 예정을 인정하게 하신 축복의 통로가 되었고, 하나님을 떠나 살던 우리를 향한 사랑의 체벌이 되었습니다."

마음 아픈 일을 겪었지만 주님의 사랑으로 회복된 아름다운 사랑의 가정이다.

때로 살아가는 동안 부모는 자식에게, 자식은 부모에게 지우지 못할 상처들을 남길 수도 있다. 그로 인해 서로 보이지 않는 곳에서 눈물을 흘려야 하는 아픔도 있을 수 있다. 그러나 하나님은 그 모든 과정을 통하여 그분의 자녀들을 주님께 부르시며, 차원 높은 하나님의 사랑을 알게 하시는 축복을 선물하고 계시다. 그 아들은 지금 서울신학대학원에서 공부하며 자기가 할 수 있는 최선의 삶을 주님을 위해 드리기 위해 준비하고 있다고 한다. 부디 아버지와 아들의 삶에 더 큰 영광과 축복이 있길 기도해본다.

힘들 때는 선두에 서라

처음 군대생활을 하던 시절의 일이다. 부모님 밑에서 편하게만 지내던 철부지 청년이 몇 주의 훈련을 받고 머리에 작대기 하나 달았지만 여전히 햇병아리 군인일 뿐이었다.

그 와중에 강원도 첩첩산중으로 자대배치를 받아 진지 사수 훈련을 받게 되었다. 유리한 고지인 산꼭대기에 올라가 적의 공격을 막아내는 훈련이었다. 무거운 군장을 메고 강원도의 험한 산꼭대기를 올라가는 일은 그때까지 경험해보지 못한 극도의 육체적 고통을 느끼게 했다.

아직 채 중턱에도 못미쳤는데 머리가 어지럽고, 온몸에 힘이 풀리면서 도저히 더 이상 갈 수 없을 것 같은 생각이 몰려왔다. 모든 것을 포기하고 싶은 순간이었다. 마침 앞서가던 고참들이 맨 뒤에서 허우

적거리며 따라가는 내 모습을 보았던 모양이다. 잠시 대열을 정리하더니 나를 제일 앞으로 세우는 것이 아닌가.

안 그래도 힘들어서 겨우 따라가고 있는데 그런 나를 제일 앞에 세우면 어떻게 하나, 덜컥 겁이 났다. 그런데 웬일인지 대열의 맨앞에 서자 내가 앞으로 가야만 뒤에 따라오는 전체 소대원들이 정상에 오를 수 있다는 생각이 들었다. 그리고 어디선가 힘이 솟으면서 등의 군장과 무거운 총들이 가볍게 느껴지기까지 했다. 우리는 결국 무사히 정상의 진지에 올랐고 나는 그곳에서 하나님께 감사 기도를 올렸던 기억이 있다.

그 후로 나는 힘이 들 때면 오히려 제일 앞에 나서 힘든 훈련이나 행군을 넉넉히 감당해내곤 했다.

우리 인생도 마찬가지가 아닐까. 살다 보면 눈앞에 올라야 할 커다란 산들이 놓여 있고, 넘어야 할 높은 고개가 있을 때도 있다. 온몸이 풀리며 너무 힘들어 모든 것을 포기하고 싶은 순간들이 누구에게나 다가올 수 있다.

신앙 또한 그러하다. 하나님을 굳게 믿었지만 눈앞에 다가온 큰 어려움 앞에 하나님을 거부하고 싶고, 힘없어 보이는 하나님께 등을 돌리고 싶은 순간이 찾아올지도 모른다. 하지만 거기서 낙오되고 쓰러지는 것은 지혜로운 삶의 자세가 아닌 것이다.

하나님은 우리의 처지와 형편을 다 아시기에 이렇게 말씀하신다.

"오직 여호와를 앙망하는 자는 새 힘을 얻으리니 독수리의 날개치며 올라감 같을 것이요, 달음박질하여도 곤비치 아니하겠고 걸어가도 피곤치 아니하리로다."

하나님은 고난이 다가올 때 우리가 오히려 더 적극적인 삶을 살아가며 도전하기를 원하신다. 바로 그때가 우리가 더 힘차게 우리 앞에 놓여 있는 인생의 험난한 산, 우리의 인생을 방해하는 커다란 장애물 앞에 도전장을 던질 때요, 중요한 인생의 목표를 성취할 때요, 하나님의 은혜를 경험할 때요, 신앙이 성숙해지는 귀한 시간이 아닐까 생각해본다.

홀로 있던 고독한 순간에도

오늘 수술을 받는 한 자매를 심방했다. 몇 분 후면 잠시 무의식의 세계로 떠날 자매를 보니 만감이 교차했다.

나 역시 얼마 전에 같은 경험을 했다. 침대에 누운 채 수술실로 옮겨지고 '외부인 출입통제' 라는 푯말이 붙은 그곳은 더 이상 아내도 함께할 수 없는 공간이었다.

수술복이 덮이고, 주사약이 튜브를 타고 들어가는 듯하더니 서서히 의식이 희미해지기 시작했다. 철저히 혼자가 된 듯한 순간이었다.

희미해진 의식 속에서 문득 이런 질문이 떠올랐다.

'나는 이 세상을 미련 없이 떠날 준비가 되었는가?'

그러나 그 순간 나는 혼자가 아님을 깨달았다. "내가 너와 함께 하고 있다"는 주님의 음성이 함께 했기 때문이다. 언제 이 세상을 떠난다 하더라도 주님의 나라에서 눈을 뜰 것이라는 확신이 나의 마음을 따뜻하게 지켜 주었다. 성령의 은혜였다.

수술을 기다리는 자매에게 '혼자가 아님을, 자매를 사랑하는 주님은 어디든, 심지어 수술의 순간과 그 모든 과정 동안 같이하실 것' 이라고 말해 주었다. 그리고 함께 주님을 이야기하고 기도했다. 옆에서 간호하던 자매의 큰 딸 아이는 엄마가 걱정이 되는지 내내 흐르는 눈물을 닦고 있었다.

그러나 "목사님, 말씀 감사합니다!" 라고 부끄러운 듯 말을 건네는 자매와 딸아이의 얼굴엔 새로운 힘과 소망이 넘쳐 보였다. 자매의 마음에도 역시 주님이 자리잡고 있음을 볼 수 있었다.

철저히 혼자인 순간에 누군가가 우리와 동행해 준다는 것이 얼마나 큰 힘이 될 수 있는지 다시 한번 마음 깊이 느낀 시간이었다.

찡그릴 수 없는 이유

13년 전 어느 날, 태어날 아들을 생각하며 20대의 한 자매가 남편과 온 주변 가족들의 축하를 받으며 첫 아이를 출산하고 있었다. 수술로 아이를 낳기 위해 걸어서 찾아간 병원, 그 걸음이 자매가 걸어볼 수 있는 마지막 걸음이 될 줄 누가 알았을까. 자매는 수술 중 의료사고로 '전신마비' 선고를 받게 됐다. 아이는 살았지만, 엄마는 얼굴 아래로 목도 가눌 수 없는 전신마비 환자가 되어버린 것이다.

그 자매를 심방하기 위해 중환자실에 들어섰다.

'과연 어떤 모습일까? 오랜 세월을 잃어버리고 누워 있는 자매는?'

중환자실에서 죽음과 사투를 벌이고 있는 환자들 가운데 자매를 찾을 수 있었다.

"저는 사랑의 교회 목사입니다. 오정현 목사님이 시무하시는… 000 집사님 동생분 맞으시지요?"

신분을 밝히자 자매는 의아한 눈으로 나를 쳐다보았다.

"자매님 소식을 듣고 심방 왔습니다."

그제서야 자매는 전후 사정을 알아차린 듯 빙그레 미소를 지었다.

바싹 마른 몸으로 누워 있는 그 자매는 '생각 외에는' 할 수 있는 것이 아무것도 없었다. 호흡도 혼자 할 수 없어 호흡기를 목에 연결하여 숨을 쉬고 있었다. 목소리는 목에 낀 호스 때문인지 겨우 알아들을 수 있을 정도였다. 그런 자매를 향해 무엇이라 위로해야 할지 아무런 말도 떠오르지 않았다. 그런데 자매는 내내 계속해서 빙그레 웃고 있었다. 뜻밖의 모습이었다.

'어찌 이런 상황에서 저렇게 줄곧 웃음을 띨 수 있을까?'

자매는 한마디 한마디를 할 때마다 조용히 미소를 지어 보였다.

옆에 같이 간 권사님이,

"천사가 따로 없네요. 어떻게 저렇게 웃고 살 수가 있어요?"

라며 연신 눈물을 닦았다. 자매는 조용히 말했다.

"제가 웃지 않으면 여러 사람들이 힘들잖아요. 간호사도 의사 선생님도 모두 말이에요. 그래서 그분들을 생각해서라도 저는 늘 웃는답니다…."

그 자매의 출산 수술을 담당했던 의료사고의 장본인 의사(?) 도 가끔씩 와서 말없이 보고 간다고 했다.

그 의사의 마음은 어떨까? 본의는 아니지만 자신의 실수로 한 생을 잃어버린 환자를 보는 마음. 자매는 그 의사에게도 같은 반응을 보인다고 다른 분이 귀띔해 주었다.

"선생님, 괜찮아요. 너무 힘들어하지 마세요. 일부러 그런 것이 아니잖아요. 힘내세요…"

하고 웃어 준다고.

무엇이라 표현할 수 없는 감정 때문에 가슴 한구석이 아려왔다. 사람들은 이런저런 이유로 미소보다는 찌푸린 얼굴을 보일 때가 많다. 과연 이 자매를 생각한다면 그 어떤 일에 얼굴을 찌푸릴 수 있겠는가.

천사의 미소를 가진 자매에게 조용히 물었다.

"자매님, 제가 자매님을 위해 기도를 해드리고 싶은데 무엇을 위해 기도하면 좋을까요?"

그렇게 13년째 누워 이제는 불혹의 나이에 들어선 자매는 잠깐 말없이 눈을 껌뻑이며 생각하다 조용히 입을 열었다.

"저의 가장 간절한 기도는 제 아들 000 가 하나님 안에서 바른 마음과 건강한 몸으로 잘 자라 주는 거예요. 지금 이제 6학년이 되었을 거예요."

눈에 살짝 비치는 그리움의 눈물마저 자매는 미소로 덮어버렸다. 그 기도 제목에서 어머니의 마음을 읽을 수가 있었다. 자신을 출산하다 전 인생을 잃어버린 어머니가 있음을 알지 못한 채 살아가고 있는 아이의 모습은, 십자가를 지신 예수님의 은혜를 알지 못한 채 살아가는 우리의 모습과 닮아 있는 듯 했다.

자매를 위해 간절히 기도하고 돌아서는 발걸음이 그리 무겁지만은 않았다. 비록 몸은 조금도 움직일 수 없는 상태이지만 그 자매의 영혼은 환한 빛을 발하고 있었다. 그의 미소가 소망을 말해 주고 있었기 때문이다.

결코 찡그린 얼굴로 살아갈 수 없는 이유를 발견케 해 준 그 자매에게 하나님의 기적이 일어나길 바란다. 그리고 시간이 흘렀을 때 그 아들이 어머니를 찾아와 그 사랑에 보답하는 날이 오기를 기도한다.

한 발레리나의 실수

아침 일찍 집을 나서는데 아내가 말했다.

"여보! 이번 주가 무슨 주인지 아세요? 어휴, 결혼 10주년도 잊어버렸어요?"

'아참, 그렇지…'

벌써 결혼한 지 10년이 되었다. 엊그제 결혼한 것 같은데, 시간이 얼마나 빠른지 벌써 식구가 네명으로 불었다.

큰맘 먹고 아내를 위하여 무엇을 선물할까 생각해 보다가 무심코 길거리에 걸린 벽보를 보게 됐다. 러시아 상트 페테르부르크 국립 아이스 발레단이 공연하는 '호두까기 인형' 의 포스터였다. 날짜를 보니 벌써 공연 중 반이 지나갔고 이틀밖에 남지 않은 상황이었다.

'바로 이거다!' 싶었다. 처음 영국에 갔을 때 - 아내에 의하면 영국은 연극의 본토라고 함- 나는 촌놈 출신이라 뮤지컬에 별 관심이 없는 터였다. 그러나 문명의 혜택을 받고 자란 아내 덕에 비록 3등석에 서일지라도 '오페라의 유령', '레미제라블', '미스 사이공' 등을 관람할 기회가 있었고, 보다 보니 조금씩 뮤지컬의 매력에도 눈을 뜨게 되었다.

인터넷을 뒤져 세종문화회관에서 공연 중인 '호두까끼 인형' 티켓을 어렵게 구했다. 자리도 무리해서 조금 괜찮은 자리로 잡아두었다. 한국에서 보는 러시아 공연은 어떨까. 공연을 기다리는 내 마음도 설레고 있었다.

드디어 공연이 시작되었다. 얼음으로 만든 무대 위에서의 아름답고 환상적인 발레는 한여름 밤에 잔잔한 감동을 주기에 충분했다.

그러나 돌아오는 길에 자꾸만 떠오르는 장면은 화려한 무대에서의 멋진 연기가 아니었다. 극을 공연하며 신나게 춤을 추며 돌다 넘어져 버린 한 발레리나의 모습이었다.

얼음판 위에 넘어지는 순간, 그녀의 얼굴을 보았다. '아, 아프겠다' 라는 생각이 스쳤지만 바로 그 순간에도 그녀는 웃고 있었다. 그녀의 미소 띤 얼굴은 그 실수마저도 마치 극의 한 부분인 것처럼 보이게 하는 힘이 있었다.

늘 반듯한 사람들, 뛰어난 사람들만 보다가 넘어져서는 안 되는 자리에서 실수로 미끄러져 넘어지는 한 발레리나의 모습이 그 순간 위로로 다가오는 것은 무엇때문일까.

때로는 살아가다가 넘어질 필요도 있다. 나의 넘어지는 모습을 보면서 그 누군가가 위로를 받을 수가 있다면. 사람들이 외면한 못생긴 호두까기 인형을 선택한 이야기 속의 클라라처럼, 때로 다른 이들이 선택하지 않아 남겨진 일들을 나누어 짐으로 인해 누군가에게 위로를 줄 수 있는 삶도 참으로 아름답다고 할 수 있지 않을까.